英國

在地生活實錄

新修版

著者：Wing Ho
插畫：Joe Chan

自序

當大家看到這篇自序時，可能心裏已經閃過移居英國的念頭？甚或已經積極籌備中？不論大家懷著甚麼原因，我們也是同路人，只是我們離開香港的日子比較早。

我們一家在二〇一七年移居英國，前後經過兩年多的準備。當時心裏充滿著不同種類的疑問；過程中需要投入大量時間，不斷上網搜集各方面的資料，全部都要細心分析比較。可是當時有關移居英國的資訊有限，也不確定最新情況和資料的真偽，深深感受到搜集資料的困難！

如今撰寫這本有關移居英國的讀物，希望這本書能成為大家不可或缺的英國新生活指南，藉此書讓有意移居英國的你，更了解英國的在地生活情況，以至一書在手，就能輕鬆查閱相關資訊，節省搜集資料的時間。

此書初版在二〇二〇年十一月開始籌備及寫作，當時書中資料已力求貼近最新現況。在二〇二二年七月份準備新版時，發現很多政策及物價也更新了。這兩年，也收到很多朋友的來訊查詢，所以新增了一些比較多人關注的內容及生活記錄。

儘管現實環境不斷變化，但在地經歷及感受還是不變的。

感謝大家一直以來的支持！

Wing（陳太）

《移民英國小鎮生活點滴》專頁版主

朋友序1

今天有幸為闊別多年的老友出書提筆寫序，是榮幸、也是情感上的釋懷！

回想當日得知共事了近廿年的拍檔要移居他鄉的一刻，情感上是矛盾的……是為友人有著新的生活邁出的一步而欣喜；同時也為友人越洋他方的新生活而憂心！

憂心，並不是質疑對方的能力，而是在有著年齡差距的情誼之間，未能放下帶著從兄長的角度去為對方設想！始終放棄半生努力，飄洋過海去到陌生的國度，重新開始新生活是一項極大的挑戰。這四年以來未敢妄言直問，只能從相互通訊之中窺探、只能在夜闌人靜時從遠方寄上祝福。

隨著時間的過去，看見老友在他鄉異地慢慢站穩陣腳，在新生活上的難題逐一解決。身在遠方的友人，好像在他身旁看著他在人生日記上寫下一頁又一頁，多年來所有的憂慮已經顯得是多餘不過！

老友，今天不但把家人照顧好，還可以把經歷寫成書籍，將經驗分享他人、幫助他人，也讓身邊的朋友沾上點點光彩！

最後，無論身在何方，我們永遠都是心繫香港！希望這本書能夠為香港人延續光亮！

劉偉光

朋友序 2

大約四年前，正當我們這群媽媽忙著研究小一入學時，Wing 突然冒出一句：「下個月，我們要移民英國了！」移民？英國！

知道他們將會離開香港，心中除了萬般不捨，卻也相當佩服他們的勇氣。舉家搬到陌生的國度，重新開始人生另一篇章，大大小小都要面對各種新環境的挑戰，更要忍受和家人分離之痛，這真的是十分勇敢的決定。

這些年來，我知道他們很擔心香港高壓式的教育，香港真的適合孩子嗎？即使曾經入讀所謂的 Happy School，孩子真的 Happy 嗎？如果有，能夠 Happy 多久呢？我想，這不會有絕對的答案，找到一個適合的環境，一起面對，共同學習與成長，這是身為家長的你我不能逃避的必經之路。

我想，他們到了英國，一定會想念香港的生活，肯定很掛念香港的美食，蝦餃、燒賣、咖喱魚蛋不能郵寄，那就把香港超市的零食通通都寄去英國吧！這幾年來，不斷用美食來支持和慰藉他們，我相信這是世界上最沒有距離的陪伴！

這本書，推薦給徬徨站在十字路口的你，你準備好了嗎？這本書詳細記載著他們的自身經驗，如何著手安排計劃、就業、住屋、日常生活等等的相關事宜，相信本書能給你最溫柔而堅定的力量。

Niou

朋友序3

近期「移民」絕對是城中熱門話題，而英國相信也是很多香港人首選的目的地。作者夫婦二人帶著兒女移居英國，轉眼間已四年多了。

回想當初知道他們有意移民，一直以為他們會選擇離香港不遠的台灣，所以對他們的計劃並沒有很大的反應。結果是真的被他們嚇了一大跳，為甚麼最後落實的移居地竟然是英國！

老友要跟自己分開，心裏頭當然是萬二分不捨，想著以後要相約見面、吃飯聊天都變成不可能，也因此帶給我一絲絲的失落。

縱有不捨但亦能明白、理解他們的決定，深信他們經過深思熟慮才有此選擇。自問並不是一個熱情且善於表達情感的人，雖然一直都沒有宣之於口，其實心底裏一直為他們一家默默地送上祝福，盼望他們到達彼方能夠順利地開展一個嶄新且美好的新生活，小朋友能夠快樂、健康地成長。

慶幸靠著現今科技，我們能夠透過網絡媒體互相聯繫，讓大家可以知道彼此的近況。從他們剛剛到達時常常記掛、擔心，常問他們有沒有事情需要幫忙、物資需不需要補給，到他們開始穩定下來才鬆一口氣；畢竟，要放棄所擁有的一切，離開自己的舒適圈，跑到一個新環境從頭來過，要面對前面許多的不確定，那是多麼多麼的不容易及需要多大的勇氣才能實行，而他們真的做到了！不得不佩服他們，也由衷的為他們感恩！

作者繼續發揮他們愛分享、樂於助人的性格，透過此書幫助正在籌劃移居英國的你，提供多樣性、實用性的資訊作為參考，讓你了解移居前要準備的各項事情、步驟，希望從他們的實在經驗，能夠讓你的移民日程順利地進行。

期待作者們更多的分享，從居英小貼士到生活點滴、趣聞軼事，讓我們多方面了解英國的生活。

祝大家生活愉快！

Natie

目錄

第三章：在地工作

後記

前言

人生決定

移民英國已經五年了，每次回想放棄了香港擁有的一切，內心難免會問「值得嗎？後悔嗎？」由最初從沒想過移民，到後來慢慢心態轉變，最終堅決非走不可，當中的內心掙扎與矛盾，不斷在找藉口去說服自己，過程真不容易。

移民是人生一個很大的決定，從出生、成長之地搬到一個陌生的環境，不是隨便說說就可以實行，當中亦很難跟親人和朋友商討。除了要負責自己的將來，更重要是一對兒女的未來。當然，不會有人知道未來會是怎樣，但相信未來的路確實需要不斷努力鋪設出來，現階段不能預測最後是好是壞；反正，活在當下，現在盡力做到最好，那就無悔了。

我和先生本身都不是高材生，小時候也沒有太大讀書壓力，成績中下。長大後，不斷進修增值，最後靠努力、認真和負責的工作態度，獲得不錯的發展。那時候，明白到讀書好不一定有美好未來，讀書差也不代表沒有明天，除了學識，待人謙和有禮、對自己的工作熱忱、富有創意和個人際遇等都是不可或缺的因素。

我們只希望子女可以有一個快樂的童年，開開心心地去學習。但是，從大女兩歲半開始找幼稚園，已經深感壓力，排隊取表格、交表格、面試和做簡介等，要求兩歲多的小孩十項全能。三歲已要學寫字，每天都要做功課、背英文。試回

想一下自己的童年是怎樣過的呢？每天也是在做功課，背生字嗎？星期天還要上興趣班？那時候快樂嗎？

所以，在女兒入讀幼稚園後，我們開始留意不同國家的移民條件，細心研究移民的可行性，最終決定在台灣和英國之中，二擇其一。

我們除了關注子女的學習環境，也想他們擁有較好的英語能力，而另一重要因素是我們有一位親戚已在英國生活三十多年，可以照應一下，經過細心考慮後，最終選擇移民英國。

當時移民英國簽證有很多種，而最適合我們的就是企業家簽證（Tier 1 Entrepreneur Visa），簡稱 T1E。申請簽證種類定下來了，那甚麼時候開始申請？當時，我們很想多留幾年在香港工作，始終正處於工作收成期，突然要放棄一切，去面對一個未知的將來，內心真的很困擾，站在這個人生交叉點，一面擔心英國移民門檻越來越高，不再符合要求；另一方面，又希望女兒在港升讀小學前離開，思前想後，歷時兩年多的移民計劃，終於決定在二〇一六年底入紙申請。

在一個新地方開展生活，當中有苦有甜，每件事都要加倍費心，幸好在親人照應下，很快就適應過來。但因為簽證的要求是要開立公司，創業時面對的問題更多，最重要是收入是否足夠糊口。創業過程可說是摸著石頭過河，始終文化不同，惟有一直按照客人的需要去作改變及調整業務，經過不斷努力，現在已跟一些客人建立了長久關係。

回想在移民前，雖然預想了很多可能出現的壞情況，但始終來到英國後，見步行步，有時千算萬算，到埗後所遇到的，每人都不會相同，遇到問題後見招拆招，這才是香港人優勝之處。

雖然移民到英國已經五年，很多方面仍需學習，很多未知仍在等待我們，但基本上已經融入了當地生活。雖然遇上很多不同的挑戰，就當作是一種磨練。

在我們心中，最重要是一對子女的童年，看著他們每天開心上學，再多的挑戰都是值得！另外，我們在二〇二二年終於成功取得永久居留權了，只要居住多一年，就可申請入籍成為英國公民。

回望香港，萬料不到變化如此急速，移民潮再起，我們在四年多前成立的 Facebook 專頁《移民英國小鎮生活點滴》，收到很多查問英國情況的訊息，我們都會一一回答，並且客觀地反映現實，避免誤導大家。

移民，帶給我們不一樣的生活經歷，當中有悲，令人生充滿挑戰，亦有其樂，令人生充滿希望。大家務必要有周詳計劃，並且要有心理準備，面對種種困難，但願大家一生平安。

這是我們初到英國時的隨身行李。

籌備多時的移民計劃，終於在這天順利到達倫敦。

第一天來到英國，坐在車上，向新生活進發。

住在小鎮的娛樂，主要都是親親大自然，我們附近就有一個懸崖，景色真的很優美。

第一章

我們的移民故事

我哋個英國簽證批咗啦！
Yeah! 去英國可以做少啲功課。
Yeah! 去英國可以砌雪人。
向新生活出發。
仲有好多嘢要安排……

1.1 心態調整

香港是一個國際城市，華洋雜處之地，在現今資訊爆炸的年代，要了解英國，易如反掌，然而獲得的資訊可能只是流於表面！直至來到英國生活，在香港時的想像，跟現實可能大有分別，遇到的事情往往意想不到，要想融入一個陌生的地方及社群，真的不如想像中簡單。

雖然，香港曾經是英國殖民地，但兩地文化始終不同，對事物的看法亦有差異；所以，希望大家心態上要適當調整，在英國不要套用香港的生活模式，不要以香港的準則或既有做法去跟英國人相處，反而應該用心觀察在地英國人的生活，學習及尊重他們的文化，感受他們的生活態度，對人有禮，奉公守法，讓自己儘快融入當地。

在工作方面，大家都要有心理準備，工種可能跟在香港的時候完全不同，但最緊要是收入足夠糊口，既然一切重新開始，那就不要跟從前比較，努力把現在的工作做好。

要處理好移民帶來的心理壓力，真的談何容易，惟有一家人互相扶持，坦承自己的擔憂，一起討論並積極面對問題，達至充分的溝通和默契，始終移民是一家人共同的決定。

住在海邊的小鎮，閒時會到沙灘吹吹風。

看我們的衣著，就知道當時很寒冷。

1.2 出發前的運輸安排

把所有物品運到英國？

相信大家都有搬家的經驗，除非不幸地大屋搬細屋，否則，基本上所有東西都可保留下來，只是由舊屋搬到新屋而已。但是，由香港移民到英國，是否把所有東西運走？還是只攜帶幾件行李入境就可？

如果因為移民，而把所有可用的東西棄掉，包括日常生活家具、電器、衣服和雜物等，實在有點可惜，也不太環保吧！所以，何不先比較運輸費用和重新添置的成本，認真審視一下，儘量把可用的留下來。

除了將幾件大型家具和電器送給好友，我們當年可說是把所有東西運到英國；由於東西很多，又不想浪費，例如我們家裏藏書五百多本，真的不捨就此棄掉，而有紀念價值的東西也不少，既然要把這些物品運走，那倒不如訂一個貨櫃，把所有的用船運到英國好了。

大型家具方面，個人覺得床、衣櫃、梳化和枱椅等就不太建議運到英國，要知道英國房屋空間較大，這些家具可能真的不合用，而且英國亦有很多款式；到埗後，量度好家居尺寸，再慢慢添置較為合適。我們那時運了三種較大型家具，書櫃、電視櫃和角型書枱，除了角型書枱一直獨守車房，從沒開箱之外，其他兩件都沒有浪費，現仍繼續使用。

英國電壓跟香港一樣，電力插座也是一致；所以，一般家庭電器可以繼續使用，只是洗衣機和雪櫃這些重量級電器就算了吧！在到埗後重新添置一個大容量雪櫃儲存食物，那就不用常常到超級市場補貨了。

另外，大家要留意英國電視制式跟香港不同，香港帶來的電視可能接收不到英國電視台，但現今電視都有上網功能，可以經互聯網觀看BBC iPlayer（BBC網路電視和廣播平台）或YouTube等影片；所以，即使把電視運到英國，放在睡房也可提供娛樂。而電飯煲、風筒等小型電器，大家為了地球叔叔著想，也可以考慮繼續使用。

大家上網一查就可以找到很多運輸公司，問清楚價格及細節，細心比較，再決定把甚麼物品運到英國；不要因一時衝動把所有東西棄掉，只攜帶幾件行李移民，有些回憶是金錢不能買回的！

運輸流程全記錄

大家可以聯絡運輸公司報價，紙箱安排及其他細節一定要說清楚，避免爭拗；如果現在沒有運送地址，可跟運輸公司商議，他們或可把物品存於貨倉，待收到地址後才安排運送。唯每間運輸公司提供的服務不盡相同，大家可按照自己的情況，跟運輸公司協商，細心選擇哪一間公司較為適合。

我們在離開香港前一個多月已搬到服務式住宅；所以，要把我們家裏的物品提早清空，亦由於沒有時間去執拾裝箱，最後選擇一間可以代把物品裝箱的運輸公司。為免弄髒衣物，我們先把衣物放入真空袋，至於其他物品，例如廚房櫃內的東西、書枱內的書等，全部由運輸公司負責，我們只是站著看，真是非常方便。

在搬運的過程中，運輸工人會在所有箱子外面註明號碼和物品種類，雖然我們只是在旁觀看，但也要準備紙和筆，記下所有號碼和物品資料，以便日後填寫文件給運輸公司報關之用，而這份記錄務必妥善保存，日後點算箱數及拆箱時都大有幫助。

由於當時我們仍有一些物品在使用中，所以運輸公司把所有箱子運到他們的倉庫代存；在這一個月裏，我們逛街時見到想要的東西，仍會繼續購買，在我們離開香港前兩星期，跟運輸公司聯絡後，把剩下的物品裝箱直接運到倉庫，他們便開始安排運輸的程序。

經過兩個多月的等待，運輸公司終於把所有物品運到，箱子塞滿了整個客廳及車房。

生活記錄　來英國前必買甚麼？

經常收到網友訊息，查詢在準備安排貨運前，究竟有甚麼物品一定要從香港帶來英國。這個問題很難對應所有人，因為每個家庭或每個人都有不同的需要，最好還是按自己所需來決定帶甚麼來。舉例說家庭主婦一定想要很多廚房電器及用品，但如果決定來英國前在香港買新電器，建議可在英國先搜尋一下想買的電器用品，好像氣炸鍋或麵包機，甚至雞蛋仔機，英國也有很多選擇，價格也很實惠。而且在英國購買還有保養期，機件有甚麼問題也可退換；反而從香港帶電器到英國，若在運輸過程中出現損壞，要寄回香港維修，來來回回的運費可能已經足夠買一部新機了。除非那件電器或品牌是在英國找不到，或價格相差太遠，否則可以考慮到英國後才購買。

如果真的要建議，可以找一些英國比較難買到、款式比較少或價錢貴很多的產品，例如：

1 電飯煲——如果大家對飯質比較有要求，香港的電飯煲種類會比較多選擇。我在英國買了一部，煲出來的飯也不錯，但始終不及由香港帶來的電飯煲。

2 真空煲——英國很容易買到壓力煲，價錢也不太貴。但如果不想用壓力煲的話，可以帶真空煲。我也把一直使用的真空煲帶來，現在電煤價格很高，用真空煲可以省一點電煤費。

3 被袋床笠——英國的床笠款式通常都是淨色，如果喜歡有花紋或小朋友喜歡的卡通人物，香港的選擇會比較多。而英國的被袋通常也是用膠扣的，如果喜歡拉鏈的話，就要在香港購買了。

如果大家想知道有多少產品選擇，可以嘗試在 Amazon 搜尋，好像中式菜刀及蒸架等也有發售，只是款式比較少，而價錢亦會比較貴，但可以用來參考。

申請 ToR1
Transfer of Residence Relief

移民到英國的第一年，只要申請 ToR1，運送個人物品到英國時，就可以豁免入口稅。

申請 ToR1 資格如下：

- 在過去的十二個月居住在英國境外
- 豁免物品包括任何個人用品，家庭用品及家具等
- 至少連續六個月使用和擁有該些物品
- 申請豁免的物品在十二個月內不可轉讓或出租
- 需要在英國居住的十二個月內進口物品
- 此項豁免不適用於含酒精的飲料、香煙、煙草製品、商用運輸工具等

申請 ToR1 方法：

只要在官方網站填妥網上申請表格及準備以下文件，提交到英國稅務海關總署（HMRC）。

- 護照上的照片頁副本和英國簽證的副本（如果已簽發）
- 進口物品的詳細清單，請確定不可運送任何不符合 ToR 資格的物品及商品，也不能運送英國的禁運物品
- 最近三個月居住地的地址證明（例如水電費帳單）
- 移居英國的地址證明（例如購買房屋合同或租賃證明）

提交 ToR1 申請後，一般約兩星期內，就會收到豁免編號，把該編號提供給運輸公司在清關時使用即可。如果在清關時未能取得豁免編號，可以先交付稅款，並在一年內申請退稅手續。

兩個多月的等待

我們在二〇一七年二月三日離開香港，帶著約八件行李到達英國，在等待運輸的期間，雖然為新家添置了很多大型家具和電器，基本生活需要已經完全解決，但是我們仍然希望物品早日運到，兩個小寶貝則非常掛念心愛的玩具。

經過兩個多月的等待，運輸公司的貨車終於在四月十一日駛到家門前，我們跟著之前寫下的物品記錄，指示運輸工人把箱子按照分類搬到廚房、客廳、車房等地方，整個運輸過程終於完結。

英國禁運及限制物品

在準備安排運送個人物品時，必須要清楚了解英國禁運及限制的物品。雖然，大家可能想儘量把一些特別食品帶到英國，但也要符合當地規定。

英國海關網站都有清楚列明，禁止入口和限制入口的食品或物品。任何肉類（例如豬肉乾、臘腸等）、乳製品及薯仔都是不能入口的。而蛋類製品和蜂蜜是可以攜帶，但不可超過兩公斤。另外，可以攜帶魚類製品（包括已製過的或魚乾等），只是總重量不可超過二十公斤。至於煙、酒類亦有限制。政府網站還有詳細提及蔬果、種子等資料。

如果想帶備藥物，要注意部分藥物可能含有管制成分，如果是由家庭醫生配備的話，最好附帶醫生紙以茲證明。

1.3 必須知道的英國簽證類型

英國是香港人移民的熱門國家選擇之一，自從英國政府公佈有關香港人的 BNO 簽證後，因為門檻並不高，令持有 BNO 的香港人將能更輕易移民到英國。除了 BNO 簽證之外，其實英國還有其他移民簽證類型，通常在英國居住五年而符合居留要求，可在五年後申請永久居留權，而以永久居留權定居一年後，就可以申請英國國籍。每種簽證的要求略有不同，而簽證要求及費用都會不斷更新，以下簡介各種移民簽證類型。

BNO 簽證
BNO Visa

英國從二〇二一年一月三十一日起，為持有 BNO 護照身分及其近親家庭開放 BNO 簽證，可選擇兩年六個月（之後再續期兩年六個月）或五年的居留簽證。如果符合居留要求，則可以在五年後申請永久居留權。

申請條件

- 居住地為香港或英國，並提供有關的住址證明

（包括政府信件、水費、電費、煤氣費、銀行月結單、糧單或稅單等）

- 需要證明有足夠的財政能力，可支付住屋費用，並可維持六個月的生活開支

（包括銀行月結單、糧單、收入證明或出租物業收入證明等）

證明金額取決於申請人數來計算，以下是官方網站的參考：

個人為£2,000

夫妻帶同一名孩子為£3,100

夫妻帶有三名孩子£4,600

夫妻帶同兩名父母及有兩名成年兒女為£9,200

- 如果與家庭成員一起申請，也需要提供與家人的關係證明文件

（包括結婚證書、出世紙或領養證明等）

現時 BNO 簽證所需支付申請費和醫療附加保健費參考如下：

每個家庭成員也需要支付費用：

兩年六個月居留簽證	£180
五年居留簽證	£250

醫療附加保健費用：

申請居住兩年六個月的醫療附加保健費	成年人費用 £1,560
	十八歲以下的兒童費用 £1,175
申請居住五年的醫療附加保健費	成年人費用 £3,120
	十八歲以下的兒童費用 £2,350

如果本身已申請其他簽證，只要符合資格要求，也可以申請轉換為 BNO 簽證。但是，如果是申請學生簽證〔Tier 4 (General) student visa)〕或青年交流計劃簽證 (Youth Mobility Scheme visa)，之前在英國居留的時間並不會計算在內。

配偶及家屬簽證
Family Visa

配偶及家屬簽證是為持有英國國籍或永久居留權的配偶而設，同時也可與未滿十八歲的孩子一起申請。如果獲批簽證，即可在英國居留兩年九個月，之後再申請續簽居留兩年六個月。如果符合居留要求，則可以在五年後申請永久居留權。

現時配偶及家屬簽證所需要支付的申請費和醫療附加保健費	
	首次申請費用為每人£1,538
	每年的醫療附加保健費為£624

申請條件

- 家人關係證明文件以確認配偶身分的真實性（包括結婚證書、出世紙或領養證明等）
- 如果是以未婚身分申請的話，需要在抵達英國後六個月內結婚
- 資產要求：每年收入最少達到£18,600，如果有孩子的話，則需要額外增加收入：第一個孩子為£3,800，之後的每個孩子為£2,400及需要超過£16,000的現金存款
- 英語要求：需要具有用英語授課的學位資格，或者可通過CEFR A1級的認可的英語考試證明符合要求

海外公司首席代表簽證
Representative of an Overseas Business Visa

海外公司首席代表簽證，適合有意在英國成立分公司或子公司的海外業務計劃，此簽證主要根據公司的真實性、相關性及持續性來審批。如果獲批簽證，即可在英國居留三年，之後再申請續簽居留兩年。如果符合居留要求，則可以在五年後申請永久居留權。

申請條件

- 有足夠的資金來維持生活，需要提供最近六個月的銀行月結單或糧單證明
- 商業計劃書
- 英語要求：需要具有用英語授課的學位資格，或者可通過 CEFR A1 級的認可的英語考試證明符合要求

現時海外公司首席代表簽證所需支付申請費和醫療附加保健費	
首次申請費用為每人£625	每年的醫療附加保健費為£624

創新者簽證 Innovator Visa

創新者簽證是為有意到英國創業的人士而設，申請人可以個人或團隊的形式申請，每位申請人需要投資不少於五萬英鎊，並需要由認可機構對業務作評估。如果獲批簽證，即可在英國居留三年，只要符合居留要求，最快可以在三年後申請永久居留權。

申請條件

- 投資金額：每個申請人必須投資不少於五萬英鎊

如果是與其他申請人組成團隊，團隊中每一位申請人也必須投資五萬英鎊。例如，如果團隊中有兩名申請人，則必須有十萬英鎊作為投資金額。

- 資產要求：除了投資的五萬英鎊外，申請人必須連續二十八天在銀行帳戶中擁有不少於£1,270存款
- 英語要求：可通過CEFR B2級的認可英語考試或同等英語學歷來證明符合要求
- 需要由認可機構對業務簽發的Endorsement Letter

如申請人在三年內達到以下七項其中兩項的要求，便可申請永居：

1. 至少有五萬英鎊投資在其生意上
2. 創造至少五個年薪最少達到二萬五千英鎊的全職工作職位，並需聘請英國居民
3. 創造至少十個全職工作職位，並需要聘請英國居民

4. 三年內，客戶數量至少有兩倍增長，並高於相似類型的英國公司平均客戶數目
5. 該業務從事重要的研究和開發，並已在英國申請知識產權保護
6. 公司業務在最後一個財政年度的全年總收入至少達到一百萬英鎊
7. 公司業務在最後一個財政年度的全年總收入至少達到五十萬英鎊，其中也要有至少十萬英鎊為出口海外的收入

現時創新者簽證所需支付申請費和醫療附加保健費	首次申請費用為每人£1,036
	首三年的醫療附加保健費為£624

高潛力個人簽證 High Potential Individual (HPI) Visa

英國政府從二〇二二年五月卅日起，增設了高潛力個人簽證，針對英國之外知名大學的畢業生，申請短期工作證來英國尋找工作或工作，為英國社會和經濟作出貢獻。持有學士和碩士學位的申請人簽證會有兩年居留期，而持有博士學位的申請人簽證會有三年居留期。雖然高潛力人才簽證並不能申請永久居留權，但如果在的有效期內，取得其他工作簽證或轉換其他類型簽證，亦有機會申請永久居留權。

申請條件

- 申請人在申請前的五年內，需要在官方認證的知名大學名單和年份中畢業，並獲得與英國學士學位、英國研究生學位或英國博士學位的同等學歷，此學位資格必須透過認可機構 Ecctis 驗證是否符合條件。
- 英語要求：需要通過 CEFR B1 等級的英語讀、寫、說和理解能力，如有同等學歷，可以向 Ecctis 驗證確定資格。
- 資產要求：除了申請、驗證及醫療附加保健的費用外，申請人必須連續廿八天在銀行帳戶中擁有不少於£1,270 存款。

現時高潛力個人簽證所需支付申請費和醫療附加保健費	
申請費用£715	每年醫療附加保健費為£624

居英權二代

居英權為九十年代英國為香港人開放居英權利的計劃（British Nationality Selection Scheme），是英國政府根據《一九九〇年英國國籍法令（香港）》（British Nationality（Hong Kong）Act 1990）給予指定合資格的人士擁有英國居留權利，他們的身分為居英權一代（British Citizen otherwise by Descent），而他們的子女也可以同時得到英國國籍，身分為居英權二代（British Citizen by Descent），因為居英權二代的英籍只是繼承而來，所以非英國出世居英權二代的子女（即第三代），必須符合要求，才可為其子女申請得到英國國籍。

最後，**大家要留意，以上移民政策、簽證費用和醫療附加保健費，每年可能都會有變動，請以官方網站為準。**而當中有部分的簽證也比較複雜，大家可以找專業的移民顧問代為處理。

肺結核檢測 Tuberculosis test

由香港移民到英國定居超過六個月的話，都需要進行肺結核測試。需要由政府認可的檢驗中心進行，當中會安排X光來檢查，如果X光檢查的結果不清楚，可能還會被要求提供從肺部咳出的痰液樣本。兒童也必須去看臨床醫生，由醫生決定是否需要進行X光檢查，一般十一歲以下的兒童，通常都不用進行X光檢查的。如果測試表明沒有肺結核病，會獲發一份證書，有效期為從X光檢查之日起六個月。在申請英國移民簽證時，已需要提供肺結核檢測證明。

永久居留權及英國國籍

根據不同的簽證都有不同的要求，一般居住滿所需日子及符合簽證的要求，就可申請永久居留權，如果申請人年齡在十八至六十五歲，都要有英語能力證明，同時也需要通過Life in the UK考試。如果獲得永久居留權後，離開英國境外連續居住兩年或以上，永久居留權將會失效。如果永久居留權失效後，想再次返回英國居住，需要申請回復居民簽證（Returning Resident Visa）的入境許可，重新獲得永久居留權。而獲得永久居留權後在英國定居一年，就可以申請英國國籍成為英國公民，同時可以申請英國護照，獲得英國公民身分後可以隨時離開英國，也不會失去英國的國籍。

英語能力證明

在申請永久居留權時，如果申請人年齡在十八至六十五歲，需要通過具有至少 B1 級口語和聽力的英語資格或以英語授課的學位來證明英語能力。

如果已經擁有 B1、B2、C1 或 C2 級別的英語資格或是用英語授課的學術性學位，可用來證明已具有符合簽證要求的英語能力。持有來自英國的大學學位，只需要提供學位證書，但如果學位不是來自英國的大學，需要透過認可機構 Ecctis（前身為 UK NARIC）的學術資格水平聲明（AQUALS），確認該學位等同於英國的資格。如果學位來自非英語為主的國家，還需要 Ecctis 的英語能力證明（ELPS），確認學位是用英語來授課。

如果沒有英語授課的學位或學術資格證明，就需要到認可的機構考取 B1 級口語和聽力的英語資格證書。要注意英語能力測試的證書有效期只有兩年，所以要計算好申請永久居留權的日子才去報考。

Life in the UK 考試

申請永久居留權或英國公民身分時，如果申請人年齡在十八至六十五歲，都要通過 Life in

the UK 考試。Life in the UK 的考試是直接透過官方網頁來報名。在英國，有三十多個考試中心，報名時會顯示五個最近的考試中心以供選擇，考試費用為五十英鎊，考生需要在四十五鐘內回答廿四條選擇題，並必須獲得 75% 以上的分數，即是答對十八題以上方視為合格。

在預約考試時，必需使用認可的身分證明，如有效護照或生物識別居留許可（BRP）等，千萬不要填錯任何報名資料（如姓名、出生日期、國籍及報考目的等）。考試當日也必須攜帶報名時使用的身分證明以供核對，如考試時忘記攜帶、帶錯了身分證明或發現跟報名資料不符的情況，將不能入場應考，而考試費用也不會退款的。

應考完後即會收到考試結果的口頭通知，如果考試合格，很快便會收到電郵發出的一個專屬參考編號（unique reference number），在申請永久居留權或英國公民身分時，需要提供此專屬參考編號來證明已經通過 Life in the UK 考試。

如果考試結果不合格，必須等候七天才可再次報名，惟考試次數不限，只是每次考試也需要繳交報名費和騰出時間來練習而已。另外，Life in the UK 考試的證明沒有期限，所以大家可以隨時考取。

Life in the UK 考試的題目主要涉及英國歷史、傳統、政府架構及日常生活等，可以在報名時跟官方網站購買官方手冊，該手冊備有書籍、電子書、訂閱電子學習內容，還有提供音頻格式等。除了閱讀官方手冊之外，網上也有很多模擬試題供大家練習，為了可以一次通過考試，大家真的要好好準備。

生活記錄 Life in the UK 考試過程

我們在預計申請永久居留權前的半年開始，已經購買了官方手冊來學習，希望可以用時間牢記整本書的內容。因為還要預算重考的日子，而距離申請永久居留權只剩下四個月的時間，最終也趕快在官方網站報名考試。

由於日間忙於工作及照顧子女，每天投入準備考試的時間不多，心裡慢慢開始著急，雖然已經努力看書溫習，但是發覺進度非常緩慢，人名、地名及年份等，資料實在太多，就算已經按時序寫下筆記，難以把全部資料記下來。心想如果持續下去，考試的結果一定不合格！在此之前，已經考完的朋友們跟我分享了一些考試經驗，她們極力推薦一些網站進行練習，網站內提供很多模擬選擇題和測驗，只要儘量記住所有題目和不斷練習模擬測驗直至全部合格，那麼在正式考試的時候，獲得合格的機會很高。由於在時間不多的情況下，我在考試前約兩星期終於決定放下書本，轉換第二種練習方法。經過一個多星期，不斷重複又重複的練習，記性不好的我，在考試前幾天，在模擬題試的網站內的幾百條選擇題目，大部分已經記住，而所有模擬測驗亦全部接近滿分。不過，心裡面仍有點擔心，由於沒有詳細閱讀官方手冊，真的不知道此方式是否可行！

考試當日，待子女上學後，便立即駕車到考試中心，在等候進入中心時，一位剛考完試的人正用電話跟朋友交談，內容是剛剛得了不合格的成績，聽了心裡一沉。在核對完所有資料後，工作人員帶我到考試的房間，坐在電腦前的心情更加緊張，開始時，會有五條熱身題，答對或錯也不會影響考試結果，豈料這幾條熱身題目異常簡單，我在模擬題試網站重複又重複地練習很多次，但同時心情更加擔憂，因為這意味著這些題目不會在正式考試時出現。

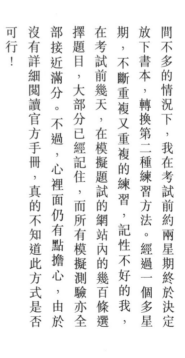

最後，整個考試過程在十分鐘內已經完成，二十四條選擇題目中，有四條不曾在模擬題試網站出現，那就只有用自己的知識去作答，而其他二十條題目跟模擬網站內提供的大致相同，當時已預計應該可以順利合格。完成考試後，工作人員帶我到另一房間等候考試結果及領回隨身物品。數分鐘後，工作人員已跟我說恭喜！考試合格了！雖然沒法得知分數，但是考試合格便已經足夠。之後，也收到電郵發來的獨有編號 Unique Reference Number（URN），該獨有編號就是用以申請永久居留權的 Life in the UK 考試證明。

如果大家有時間，可以提早準備練習，不要像我臨急抱佛腳。雖然 Life in the UK 不限投考次數，先不計較要付費重考，每次還要不斷去練習，所以還是儘量一次通過考試比較好。

小小提示：

1. 大家請提早預約考試日期和時間，因為部分考試中心很繁忙，提早預約的時間選擇會比較多。
2. 在網上申請考試時，要小心輸入資料和務必正確，用作申請的身分證明文件，在考試當日謹記要帶備在身。如在考試當日工作人員發覺任何資料不正確，將不能入場應考，而考試費用也不會退款的。我的一位朋友亦因為填錯國籍而被拒絕，需要重新付費報名。

1.4 為何我們選擇定居小鎮？

「移民」，在選擇了理想國家後，當然要好好選擇定居地區，這不單單考慮居住環境配套，還要兼顧就學、工作等多重因素，一旦決定錯誤，定居後才發覺不太合適，那時心情必會大受影響。

當時我們身在香港，從沒踏足英國，亦沒有時間親身考察，然而英國國土面積大，東南西北，不知從何開始，要在英國選擇一個未來居住的地方實在毫無頭緒！大部分人可能首選倫敦、曼徹斯特等的大城市，或者想親近劍橋、牛津，但是，我們最後決定落戶於英國東部近海的一個小鎮。

家住倫敦等的大城市當然生活機能完善，購物多選擇、各國食肆林立，觀光遊玩都非常方便，而方便的代價可能是人多車多！在香港一直過著繁忙擠迫的生活，實不想來到英國還要繼續下去，我們心想，既然要在一個陌生的地方重新開始，倒不如選擇一個跟香港完全不一樣的生活模式。

跟樹、跟海、跟寧靜在一起

另一個重要原因，就是我們有親戚住在該小鎮附近，可以照應一下；所以，經過多番考慮後，決定捨棄大城市，轉而投入多見樹木少見人的小鎮懷抱。

突然間由繁華的香港搬到平靜的小鎮，一下子就適應了，而且很享受這種寧靜生活；現在回想，當年不選擇到大城市居住是完全正確的。

在香港時，弟弟不常接觸草地，來英國之初，每次踏足草地都要求姐姐抱。

一起手拖手漫步海邊，姐姐向弟弟介紹四周環境。

花園的圍欄是姐姐和弟弟的戶外大畫板。

夏天不能沒有的節目，就是在花園 BBQ。

1.5 小鎮的概念

「英國小鎮是否跟香港的沙頭角一樣，很遠、很不方便？」

在我們的 Facebook 專頁，經常收到這種私訊問題，大家可能給「小鎮」這個稱號嚇怕了。

其實，家住小鎮的概念，就像香港的大型屋苑，附設的商場已經可以解決日常基本需要；不同的是香港住宅一般向上發展，動輒數十層以上。英國小鎮則剛剛相反，一間間建在平地上的民房向橫發展，而鎮中心就如同香港屋苑的商場，很多商舖集結其中，購物或飲食皆很方便。

以現居的小鎮作例子，由我們家到鎮中心，駕車只需幾分鐘，已經可以到達幾間大型超級市場及家品店，早、午、晚餐，生活百貨等完全可以滿足日常所需；除此之外，還有很多小商店，例如麵包店、便利店、銀行、地產、花店、髮型屋、藥房、殯儀服務等。另外，還有快餐店、薄餅店、中式外賣店和不能缺少的炸魚薯條店。至於公共設施則有游泳池、健身室、中小學校、消防局、警局、圖書館、郵局等，還有酒店。

大家會否對住在小鎮有一點改觀，並不如想像中荒蕪和不便？但是，大家要留意，每個小鎮大小不一，商舖亦有不同，在選擇居住地方時，記得要多些搜集資料。

如果只是郵寄信件、包裹及付費，一些便利店也設有郵政櫃檯服務，在較大城鎮的郵局提供的服務則更全面。

這種標誌性的紅色電話亭仍然隨處可見。

在假日時，會帶孩子來逛逛小鎮內的書店。

我們的小鎮也有警局，但是，有一些事情還是要到附近較大城鎮的警局辦理。

在小鎮的街道上，時常看到騎馬訓練，駕車經過記得要減慢車速。

遠離繁華市區，親近一望無際的農場美境。

鎮內有很多紅色的郵筒，令人想起殖民時期的香港。

這種滑梯在香港已經很難找到了

面向大海，望不見的對岸是比利時。

累了便坐在海邊欣賞風景

小鎮的商舖一應俱全，完全滿足日常需要。

第二章

在地生活

英國冬天 下午4點
媽咪，天黑仲唔食晚餐？
乖仔乖女，依家4點咋！
英國夏天 晚上9點
乖仔乖女，咁夜仲唔瞓覺？
媽咪，都未天黑喎！

2.1 英國氣候

天氣大不同

英國的天氣，北面跟南面已經有很大差別，如果大家有留意天氣報告，你就會發覺西面的天氣通常比東面潮濕，而西南面較西北面多雨，至於中部和東南面則較少下雨；如果大家喜愛下雪，那就要選擇英國北部，特別是蘇格蘭了。

我們住在英國東南部，屬於日照時間較多，但雨量較少的地區，天氣相對溫和；但跟香港相比，仍有很大差別。

英國人喜愛夏天，享受那乾燥和炎熱的天氣，加上夏天日照時間較長，很多人會行街購物，沙灘上擠滿遊人，碼頭的遊樂設施重開，每一個人都儘量去享受那短暫陽光普照的夏天。

其實英國的夏天，大部分日子算不上炎熱，走在街上，也不會像香港夏天一般汗流浹背；但是，當遇上熱浪時就比較難受，由於一般家庭不會安裝冷氣機，惟有吹風扇降溫，可惜幫助有限。熱浪到來時，雖然打開窗戶也沒有風，但心想透透氣也好，可是會有很多蒼蠅和小蟲飛進來！不過，炎熱的天氣持續不久，我們經歷過的熱浪，最長也不過是十多天。

我們也很喜歡夏天，因為大約晚上九點才天黑，心裏感覺時間變多了，行街購物也較方便，去沙灘和碼頭遊樂也是必然之選；另外，還可以在花園騎腳踏車、架帳篷、浸水池、踢波及燒烤等等。夏天雖然短暫，但陽光充足，戶外活動較多，人也變得心情開朗。

踏入九月，炎熱的天氣慢慢過去，準備迎接濕冷的秋冬。英國的冬天，陽光普照的日子漸漸減少，每日天色陰暗，經常下雨。我們現居的小鎮，由於天氣轉冷，行人減少，街上總是冷清清。

除了上學、上班或到超級市場購物，我們大多時間留在家裏，自家的花園也不願踏足半步。到了十二月，家裏開著暖氣，眼望窗外，下午四點天色幾乎全黑，心情也會沉重下來。

因為冬天日短夜長，天色又灰沉沉，整天都下著雨，心情很容易受到影響。如果大家發現在冬季時，出現嗜睡及食慾大增，情緒持續低落，並對正常的日常活動失去樂趣或興趣而感到煩躁絕望，對生活感到壓力或焦慮，可能患上了冬季憂鬱症。如心情不好，儘可能趁有日光時外出散步，保持心情開朗。如發現情況難以應付，應該儘快安排家庭醫生診斷。

由於我們住在東南部，下大雪的機會不多，四年下來，只有兩次降雪量較多，讓我們可以砌小雪人，其他的時候大多只是飄落點點雪花，地面蓋上薄薄一層雪而已。

一日內經歷四季

英國的天氣難以預測，這一分鐘還陽光普照，下一分鐘可能下起滂沱大雨，而大雨過後又重現陽光；所以，經常見到彩虹或雙彩虹的出現。

此外，我們曾經多次在一日內經歷四季的天氣，例如在早上起來，享受宜人的清涼天氣；不久，陽光普照，令人感覺有點悶熱；但是轉眼間陰雲密佈，突然落下冰粒，溫度顯著下降，需要加添衣服。

夏令時間

英國仍然實行夏令時間，所以，大家要謹記兩個日期。

在三月最後一個星期日的凌晨一點，要把時鐘調快一小時，進入夏令時間，天氣開始漸漸變暖，日照時間亦會較長，到晚上九點才開始日落，令人期待的夏天即將來臨。

到了十月最後一個星期日的凌晨兩點，就要把時鐘調慢一小時，夏令時間結束。天氣會明顯轉冷，日照時間減少，下午四點已開始天黑，黑夜變長；雖然濕冷的天氣即將重來，但是普天同慶的聖誕節也快到了。

很喜歡觀看千變萬化的雲

英國冬天日短夜長，天色又時常灰沉沉，有時還會很大霧，迷濛濛一片，駕車要特別小心。

第一次下雪時，我們特意駕車出外拍照，很喜歡如此美麗的雪景。

小朋友很喜愛下雪，可以玩雪球及砌雪人。

我們住在東南部，下大雪的機會不多，圖中的是最嚴重的一次，雖然很不方便，但雪景很美。

英國的天氣難以預測，還記得拍這張照片時是陽光普照，不久就下起滂沱大雨。

在花園種花，植物可以接觸陽光及雨水，看看我們種的向日葵比成人手掌還要大。

我們曾經在花園種出高度接近兩層樓高的向日葵。

生活記錄

花粉症

在英國，花粉症（Hay Fever）是一種常見的季節性鼻敏感，花粉或草粉是其中最常見的過敏原，當花粉的微細粉末接觸到眼睛、鼻子、口和喉嚨時，就會出現對花粉的過敏反應。通常在五月至八月期間，花草盛放的季節特別嚴重。

每個人對不同的花粉都有不一樣的過敏，花粉症常見的症狀包括打噴嚏、咳嗽、流鼻涕或鼻塞、眼睛痕癢或通紅、喉嚨痕癢及不適等，如果本身患有哮喘的話，可能還會引發哮喘病發。如果出現花粉症的症狀或感到不適，可以到超級市場或藥妝店購買成藥，也可以到藥房找藥劑師配上合適的成藥。如果症狀越來越嚴重或服用成藥後症狀並沒有改善，就要儘快預約家庭醫生了。在NHS的官方網站都有提及如何預防及緩解症狀的方法，如果擔心對花粉敏感而出現花粉症的話，可以參照預防一下。

有很多朋友原本並不是過敏體質，也沒有試過出現花粉症的症狀，但來到英國後，夏天在戶外時會不斷打噴嚏，眼睛、鼻子和喉嚨也出現對花粉有過敏反應；但也有朋友在香港時經常出現鼻敏感情況，但來到英國之後，鼻敏感卻沒有了，也沒有出現花粉症的症狀。另外，有些朋友剛來英國的時間沒有出現敏感症狀，但生活到第三年或以後的日子，突然就對花粉出現過敏反應，所以大家在夏天時要多加留意。

如果患有花粉症及哮喘的話，也要留意花粉預報，花粉含量高的日子，最好儘量不要外出，避免引發哮喘。

2.2 英國水質

在英國，如果大家想知道食水供應商資料，例如居住在 Kent，可以在網上搜尋 Where your water comes from Kent，就會顯示有關資料；一般還包括知道食水來源，就像我們現居的地方，百分之五十來自河流和水庫，另外百分之五十則來自地下水，我們的供應商還提供地圖，詳細顯示食水來自哪一條河流及哪個水庫。

其實在英國不是所有地區均是「硬水」，東南面屬於硬水區，而西北面則屬於軟水區。我們居住的地方在英國東南部，都是供應硬水的，水的硬度是三百二十五，屬於超硬水。如果大家很關注水質，在選擇居住地方前，可以在網上先搜尋該地區是使用硬水或軟水。

硬水

甚麼是硬水？硬水是含有高濃度礦物質的水，鈣和鎂含量最高，如果要分別硬水和軟水的標準，會以碳酸鈣之量來計算，以每升含有幾多毫克為單位：0-60mg/L 為軟水，60-120mg/L 為中等水，120-180mg/L 為硬水，大於 180mg/L 為超硬水。

我們使用硬水多年，唯一缺點是會有很多水垢，例如熱水煲內、洗手盆和水龍頭都會有很多白色水垢，所以最好每日勤清理。如果像我們般懶惰，就要使用專門去除水垢的清潔劑，但是，清洗完很快又會重來。另外，雖然自來冷水可以直接飲用，但大家也可到家品店購買濾水壺，把飲用水過濾，不過一滴一滴的過濾過程很費時；如想一勞永逸，則可以考慮安裝軟水系統，把全屋所有用水一併軟化。

至於大家都很擔心，究竟用硬水洗頭會否引致脫髮？由於硬水會將礦物質帶到頭髮上，引致頭髮變乾，容易打結，故較易折斷。坦白說，我們感覺沒有太大分別，只是女兒的頭髮經常打結，較難梳理。其實，脫髮有很多原因，包括天氣、飲食習慣、個人緊張和壓力都會有影響，至於是否全因硬水影響，很視乎每個人的體質，不能一概而論。

因為經常使用電水煲，硬水令表面充滿水垢，每星期都要用去水垢清潔劑來清除。

2.3 財務安排

從長計議

二〇二二年英國的通貨膨脹率達四十年來最高，英國國家統計局在六月份公布，在五月以前的十二個月中，消費者物價指數（CPI）上漲了9.1%，雖然燃料和能源價格是推動通脹的最大因素，但食品價格也是不斷上升。因此，大家在打算移居英國前，一定要詳細審視財務狀況，並要為最壞的情況作出預算。

世界政經變幻莫測，因應自己現在的財務狀況，嘗試模擬多種可能性。例如，假設在英國一直找不到工作，手上資金可以支撐多久？資金的分配及流動性如何？當然，一些極端的情況未必會發生，但在模擬過程中可以給予自己一些心理準備，模擬對策，希望可以得出一個較好的財務安排。

誰也不能準確預測未來，人生總有高潮亦有低谷，有得意亦有失意，而移民是在人生哪一個點？真的不知道！無論如何，凡事向好處想之外，同時之間要有危機意識。

開立英國離岸戶口

我們也是在香港先開立離岸戶口，由於有律師信件證明辦理移民中，所以申請過程較為順利，不多久已經收到從英國寄來的戶口資料和扣帳卡（Debit Card）。

如果能在香港開立離岸銀行戶口，往後從香港轉錢到英國或者作出其他財務上的安排，就會方便得多；只是在新一波移民潮下，銀行在開立離岸戶口時限制更多，即使能夠滿足所需要求，要成功開立戶口亦可能需時幾個月，大家可以向各大銀行查詢開立戶口事宜。

英國開立銀行戶口

在英國開立銀行戶口的手續不太繁複，而且有很多大型銀行可供選擇，只是個別銀行需要先預約才可辦理，一般只要持有有效簽證、護照和住址證明就可申請，大家到埗後可以向心儀的銀行查詢。

如果大家在大城市居住，銀行選擇較多，雖然現今網上銀行非常方便，親身到銀行櫃檯辦理交易的次數不多；但是，若然跟我們一樣在小鎮定居，那就最好選擇在附近有分行的銀行開戶了。

準備現金

雖然大家隨身都會有信用卡或扣帳卡，但是有一點現金在身總會安心得多，**當大家到銀行兌換英鎊時，建議選擇兌換£20**，不要因為方便攜帶而選擇£50。在英國使用£50真的很不方便；我們曾經嘗試在超級市場的自助結帳機使用，也不被接受，最後要轉到櫃檯結帳，收銀員見到是£50紙幣，就如香港人見到千元紙幣一樣，面有難色，還要找高級職員幫忙驗收。

在二〇二二年二月二十日開始流通新版的20英鎊和50英鎊，由紙質轉為膠質貨幣，設計上更難偽造，同時也更耐用。而舊版的20英鎊紙幣和 50 英鎊紙幣在二〇二二年九月三十日將不再是法定貨幣，無法在市面使用。如果在截止日期後仍有舊版 20 英鎊和 50 英鎊，部分銀行和郵局仍接受舊版紙幣作為存款存入銀行賬戶。如果想以舊版紙幣兌換新版的膠質貨幣，只可通過英格蘭銀行處理。

櫃員機提款

在英國街頭，除了銀行之外，在超級市場也有機會找到櫃員機；而且，即使是不同銀行的提款卡或扣帳卡，基本上都可以在任何櫃員機提款。

大家在提款時要留意，只要選擇寫有 Free Cash Withdrawals 字樣的櫃員機就可免費提款；否則，就要付些許手續費。

看到寫有 Free Cash Withdrawals 字樣的提款機提取現金，就不用收取手續費。

扣帳卡 Debit Card

一般在香港比較常用信用卡購物，來到英國後，我們通常使用扣帳卡，購物時直接於戶口扣除款項，戶口餘款不足就不能完成交易。即使金額很小，我們的客人也會問可否使用扣帳卡，因為他們沒有現金在身。

現在，我們每日可說是身無分文，銀包內只有現金£5 備用，可說是完全依賴了扣帳卡過日子。

2.4 住屋置業

物業土地產權類別

英國購買的房屋，有兩種常見的物業土地產權類別，第一種為永久土地產權（Freehold），即是可永久擁有該物業及其土地產權。而另一種為有年期限制的租賃產權（Leasehold），只有在固定期限內擁有土地租用權，而《2022年租賃權改革（地租）法》於二〇二二年六月三十日生效，將會終止英格蘭和威爾士新售的房屋或符合條件的長期住宅租賃物業的地租。在此法定的租賃中，地主也不可收取任何款項作為地租。

物業鏈 Property Chain

在英國購買房屋都會有一條物業鏈，即是賣家待你確定購買物業後，需要去另覓新居所，你需要等待賣家找到新居所後，才可完成交易，這種模式跟香港有很大差別。

讓我舉一例子說明：陳先生出價確認購買李先生的房屋，李先生亦已接受，但陳先生要等待李先生覓得新居，並成功完成交易後，陳先生和李先生之間的交易才可正式執行。但是，如果李先生覓得的新居是有物業鏈，即是李先生仍要等待該業主覓得新居後，才可正式執行，而該業主可能仍要等待另一物業鏈，此時，陳先生只有繼續等待。這就是一條物業鏈，不幸的是你不會知道這條鏈有多長，也不會知道等待的時間要多久。但是，當中的交易，要在同一時間進行，如果任何一方因為按揭、驗樓或其他問題而中斷交易，那麼，以上所有買家及賣家的交易也可能受到牽連，甚至交易被取消。除了花費了等待時間，也按不同階段損失律師費、驗樓費、按揭手續費等。

所以，如果不想遇到以上情況，在瀏覽地產網站時，最好選擇註明沒有物業鏈（No Chain/Chain Free）的房屋，即是出價確認購買後，已經不需再等該業主另覓房屋，可以立即執行交易程序。

大家可以到英國兩大地產網站 Rightmove 和 Zoopla，了解英國樓市情況，例如不同地區的樓價、屋型等資料，網站內載有大量樓盤，可以令大家對相關資訊有初步認識。

英國兩大地產網站

在英國購買房屋會有物業鏈，這種模式跟香港有很大差別。

獨立式房屋的外貌

英國屋型簡介

考慮到長時間租屋不太划算，相信不少打算移居到英國的朋友，都會計劃買屋自住。以下為大家介紹幾種較常見的屋型，讓大家在瀏覽地產網站時有初步概念。

獨立式房屋（Detached House）

獨立的獨棟式房屋，大部分都有固定泊車位、車房及花園，不會跟鄰居房屋相連，獨立式房屋的私隱度最高，但樓價也相對會比較高。

半獨立式房屋（Semi-Detached House）

這是由兩間房屋左右相連在一起，所以稱為半獨立式房屋，大部分都有車房、花園及固定泊車位；而因為有一面牆壁相連鄰屋，隔音較差，私隱度不及獨立式房屋，但樓價一般比較獨立式房屋略低一些。

Semi-Detached House 是由兩間房屋左右相連在一起，而因為有一面牆壁相連鄰屋，隔音會較差。

Terraced House 是由一間緊接一間的房屋連成一排，由於兩面牆壁均相連鄰屋，隔音比較差，私隱度會比較低，而且大部分只可在路邊泊車。

Bungalow 是只有一層的獨立式房屋，樓價相對也比較高。

Flat / Apartment 跟香港的分層單位相類似

排屋（Terraced House）

由許多間房屋連成一排，一間緊接一間。大部分排屋也沒有車房及固定泊車位。由於兩面牆壁均相連鄰屋，隔音比較差，私隱度會比較低。另外，由於室內空間較細，所以樓價相比獨立式房屋或半獨立式房屋便宜。

而一列排屋最側的兩間房屋稱為（End-Terraced House），是在一整列排屋最頭及最尾的兩間房屋，跟半獨立式房屋很相似，只有一面牆壁相連鄰屋，私隱度比中間排屋略高。

平房（Bungalow）

只有一層的獨立式房屋，由於不用上落樓梯，比較適合老人家或行動不便者居住。因佔地面積大，而且大多數平房一般都是坐落於環境較好的地區，所以樓價相對也比較高。

住宅單位（Flat / Apartment）

這種房屋跟香港的分層單位相類似，即是一棟樓的某一層或某一單位，適合小型家庭或單身人士居住。不過，通常都是以租賃產權（Leasehold）發售，並且要支付地租、維護費、服務費等。特別要注意隔音問題，除了兩側單位的隔音問題，也要注意上層的隔音問題，而私隱度會比較低。

英國買屋流程

在英國買屋程序並不複雜，只要按著步驟去做，準備好所需文件，就可以順利完成買賣。

第一步：預算屋價及貸款額

如果想買屋，首先要預算屋價，如果資金充足的話，可以考慮全數支付；因為全數現金支付

倫敦的樓價當然較高。

的話，不用申請貸款，如同一時間有幾個買家出價，業主通常也會以全數支付者為優先考慮。當你向地產代理出價時，會被要求查看你的銀行月結單，證明存款額是足夠支付全數，同時也需要資金來源證明。

如果你需要貸款的話，建議你在安排睇屋之前，先向銀行或按揭經紀（Mortgage Broker）計算你可以貸款的金額，並發出一份按揭貸款意向書（Agreement in Principle-AIP）。有部分地產代理在安排睇樓前，已經要求出示AIP證明可貸款的金額。另外，如果同一時間有幾個買家向業主同時出價，若你持有AIP，業主知道你的貸款基本上問題不大，接受的機率也會更高。

第二步：尋找樓盤

確定買樓預算及屋型，就可到地產租售網站，按地區、屋型、價錢去尋找物業。如果找到心水物業，便可聯絡地產代理公司預約睇樓。

找尋樓盤主要考慮因素：

- 物業土地產權
- 學校距離（如果有子女就學，英國學校派位會按住址距離來收生，居住地點越近學校，入讀機會越高）
- 物業鏈
- 車房、花園、泊車位
- 電訊網絡及互聯網速度

第三步：出價（Make an offer）

找到有興趣的樓盤後，可以聯絡地產代理安排睇樓，如果覺得合適，就可透過地產代理出價及議價。賣家接受出價後，通常都會把樓盤下架到交換合同（Sold Subject To Contract - Sold STC），以減低其他買家後期介入的風險。所以如果找到喜歡的樓盤，但卻顯示為Sold STC，即表示賣家已接受了其他買家的出價。

英國房屋有兩種常見的物業土地產權類別，第一種為永久土地產權（Freehold），另一種為有年期限制的租賃產權（Leasehold）。

第四步：委託律師、驗樓、申請按揭

雙方達成協議後，此時需要委託律師處理法律上的事務，可以要求地產代理介紹律師，在開始工作前，一般會要求先付一部分律師費用。

確定委託律師後，把律師的聯絡資料提供給地產代理，就會收到銷售備忘錄（Memorandum of Sale），同時也可以安排驗樓，驗樓公司（Surveyor）會檢驗物業的狀況及結構，並會發出一份驗樓報告，裏面詳細描述物業的狀況和需要注意的問題。

如果需要申請按揭，就要通知按揭機構或按揭經紀，告知他們你的出價已經被接受，同時要提供物業的詳情及價錢。通常按揭經紀會要求使用他們指定的驗樓公司去驗樓，最好跟按揭經紀溝通後才安排。

第五步：資料審核

律師會檢查所有文件及驗樓報告，如果發現驗樓報告中出現重大問題，可能對交易會有影響，甚或可能要向賣方律師提出協調方案。

買家需要提供一些文件給律師，包括身分、地址及資金來源等證明。律師除了檢查文件，也需要查證該房屋的註冊登記檔案等資料，所以這段審核時間會比較長。

直到此刻，如果按揭不獲接納或買賣雙方出現任何狀況，雙方也可改變主意，取消交易；但當中已支付的律師費、驗樓費用及按揭手續費等不獲退回。

第六步：交換合約（Exchange Contracts）

雙方律師審核資料及同意所有條款後，會收到合約並確保內容及細節正確無誤，確定買賣合約後，亦代表這宗交易有正式合約條款保障，雙方都不能退出交易，並需要在指定日期完成交易。如果成功申請按揭貸款，買家將要安排交付首期款項給委託律師。

第七步：完成交易（Completion）

在確定物業成交前，將樓價、物業印花稅及各項費用轉帳到委託律師的指定帳戶，律師會協助與賣方完成付款程序。

如果是申請按揭，律師會跟按揭機構接觸，安排樓價尾款事宜。

賣家確認收款後即完成交易，買家可以到地產代理收取物業鑰匙。英國的地產經紀佣金是由賣方負責，買家不用支付分毫。在這個時候，整個買屋的流程基本上大功告成了。

大家要特別留意，因為完成交易後房屋就會屬於買家，所以，務必要購買保險並確保於成交日生效。

英國租屋流程

英國的租屋手續比香港複雜及嚴謹得多，地產代理可能需要先確認租客擁有居民身分證明，而租客也需要通過資料審查。

第一步：找尋租盤

按照個人喜好的地區、屋型及價錢，在地產租售網站尋找房屋。如果找到合適的物業，便可聯絡地產代理公司預約睇樓。

第二步：確定租屋

租客如有興趣租屋，可向地產代理公司確認。如業主初步願意出租，租客需預付約一星期的租金費用（Offer Fee），房屋的租盤就會在地產網站下架。

第三步：資料審查（Reference Check）

租客需要完成一系列的資料審查，例如信用記錄、身分證明、僱員記錄等。當完成審查後，地產代理會準備租約；在簽訂租約前，務必要小心閱讀每一項目。合約上會清楚寫明每項條款，例如由租客負責的費用、單位可住人數、是否可與小孩同住、是否可飼養寵物、是否提供泊車位、可否吸煙、業主提供的家具設備及電器等。

如果初到英國，沒有任何信用記錄或工作證明，可嘗試以預先支付半年或一年租金為條件，令業主感覺較有保障，從而願意把房屋出租。

第四步：支付按金及租金

當確定合約後，地產代理便會要求租客支付按金及租金。根據英國法律規定，屋租每年£50,000 以下，業主最多可收取五星期屋租作為按金；如屋租每年£50,000 以上，按金最多為六星期屋租。

從二〇〇七年四月六日開始，為了保障租客在租約期完結後，可取回按金，英國已規定地產代理或業主，必須在收到租客的按金後三十天內，把按金存放於英國政府認可的租客按金保障計劃（Tenancy Deposit Protection Scheme-TDP），日後如雙方對按金有任何爭拗，租客也可追討。

英國的租屋手續比香港複雜及嚴謹得多

另外，為了確保租客權益，從二〇一九年六月一日開始，英國也通過租戶費用法案（Tenant Fees Act），禁止收取租客任何形式之雜費，包括佣金、租屋行政費、合約草擬費或背景審查費。

第五步：清單報告（Inventory Report）

一般在簽訂租約後，就可領取鑰匙及一份清單報告。請務必檢查清楚，如發現任何大小問題，例如牆身有污漬或任何東西出現損壞等，若清單報告內沒有列出問題，必定要拍下照片，跟地產代理聯絡確認。另外，也要檢查水錶、電錶、煤氣錶的度數是否正確。

英國租屋注意事項

在英國租屋還有一些事項要留意，例如地產代理公司或業主，仍然會持有屋的鑰匙，只要事前通知租客，是可以入屋檢查。另外，在租約到期前，也可以帶其他租客入屋觀看。

而租客不能更改屋內牆身顏色及進行任何改裝。如租客發現屋內任何問題，例如電器損壞、暖氣系統有問題、漏水、花園圍欄有問題等等，請第一時間通知地產代理或業主處理。

以上只是列出部分特別要注意事項，無論如何，一切仍然跟已簽訂的租約為準。

2.5 裝修維修

家居裝修

在英國購買了居所，而想大幅裝修，市面上有很多大型裝修公司，可以嘗試聯絡並獲取報價，當然最理想是選擇口碑較好的公司。

另外，大家在簽約時一定要注意每項細節，並把所有裝修項目清清楚楚寫在合約上。曾經有一些朋友，由於某項工程沒有在合約上列明，而引起雙方誤會，最後要另找其他公司完成餘下工程。

除了大型裝修公司，亦有很多較小規模的，並由華人或東歐人士所經營，這種公司一般價錢較便宜，工作效率較快；但是，選擇這類公司最好經由熟人介紹。

我們當年選擇了屋況較好，不用大規模裝修，只是做了兩項簡單工程就可入住的房屋，其他的都是慢慢地逐項完成。

裝修項目

英國跟香港的屋型有別，有一些裝修或翻新項目在香港較為少見，由於我們住在排屋，以下介紹一些項目供參考。

室內油漆或牆紙

如果大家瀏覽買賣房屋網站，可能都會見到英國一些房屋的油漆顏色或牆紙款式，例如用上深紅或大花朵的圖案等，跟香港家庭一般選用的有點不同；當然，文化不同，各有所好。

我們現居的住所，從前的房間是深藍和綠色，坦白說，真的受不了這深沉的顏色，所以在入住前便安排全屋掃漆。

地毯

英國房屋一般都會選用地毯，如果大家是購入房屋自住，建議大家在入住前先更換地毯；當然亦可以選擇清洗，但是始終地毯下面較為骯髒，而且英國人大部分都會穿鞋入屋，所以，在還沒放置家具前安排更換地毯較為理想。

如果想把英國住所全屋由地毯轉換成地板，則要考慮在冬天時，踩在地毯上真的比冷冰冰的地板較舒適。如真的不想使用地毯，可以考慮在地板下鋪設暖管，當然，工程較大和價錢較貴。

這是我們的車房，我們自己重新掃漆。

雖然到埗前已更換屋內的地毯，可是沒有跟該公司說清楚舊地毯的安排。最後，他們把所有舊地毯棄在花園。

大家亦可以選擇只在客廳和飯廳使用地板，這樣會較易打理；而在睡房樓層則鋪設地毯，晚上在睡房走動時腳下軟綿綿的，舒服得多了。

窗戶

大家要留意新居的窗戶是否使用雙層玻璃（Double Glazed Windows），在房屋買賣網站的樓盤，大多有列明窗戶類型。

雙層玻璃窗戶隔音較好，而且在冬天時室內亦會較溫暖。

暖板（Radiator）

在英國過冬天，暖氣非常重要；英國家居不論客廳、睡房和浴室都會有一塊暖板安裝在牆上，開了暖氣後，全屋很快就會變暖。由於英國房屋空間較大，香港普遍使用的暖爐或暖風機可說是完全起不了作用。

大家在入住時可以檢查暖板是否運作正常，如果感覺暖板不夠溫暖，在找工人到來維修前，可以嘗試放氣；惟每種暖板的放氣方法不同，大家要留意一下。我們最初都發覺有兩塊暖板不夠溫暖，其中一塊我們自行放氣，另一塊是在年檢時，檢查人員用五角匙放氣，現在兩塊暖板都非常溫暖。當然，如果放氣後仍然運作不良，那就要找工人維修或更換。

排水道（Gutter）

香港房屋很少有排水道，來到英國後，下雨天時，要留意屋頂外的排水道有否漏水情況，如有就要快快處理，否則在大雨天的晚上，雨水經滲漏位置打在窗戶上的聲音，在睡覺時就會感到很大困擾。

除了室內還有很多項目要處理，還要兼顧室外，例如車房、私人泊車位和花園等。當然豐儉由人，選擇大型裝修或見壞才修就由大家自行決定了。

花園的憧憬和現實

香港要居住在有私人花園的房屋，樓價不是一般市民可以負擔；所以，移民英國前預想會有一個私人花園，真是無限憧憬。不過，因為有了花園，保養的金錢和人力成本會增加，例如後花園的門、圍欄有機會要維修或更換，這方面都要找專人處理。每年夏天為圍欄掃上油漆，就會較美觀。如果沿用真草地，就要購買剪草機並定期剪草等。但是，想到可以種花和種菜，很多戶外活動可以進行，有花園仍然是非常有趣。

最初到埗英國是冬天，天氣寒冷及經常下雨，也沒有走到花園看看，只是從窗戶眺望，雜草叢生之外，還有一棵矮樹，心想要把這個花園變成憧憬的模樣，要花上不少心機、力量和金錢。

經過多次討論，我們決定把大片草地轉換為人造草皮及磚，只剩下花園兩側地方供種花和菜，希望較易打理。如果大家跟我們一樣較為懶惰，不想定期剪草，但同時想有地方種花和種菜，就可以把花園部分轉換為人造草皮，真的慳了不少功夫。

另一方面，雖然我們只是保留小部分地方種植，但是每到夏天，野花和雜草生長非常快，清理一側已經要花上兩至三小時，足足裝滿兩大袋。在太陽底下整理花園真的很辛苦，而且平均一個多月要整理一次，否則，野花和雜草的根部生長越深越難清理，深深體會農夫耕作的辛苦。

除了清理雜草等辛勞工作，我們也會好好享受花園的樂趣，例如踢波、踩單車、玩水池、滑水梯等，還會打開帳篷在花園午餐、看書。總而言之，在夏天的時候，我們都會儘量到花園多活動、多曬太陽，始終在英國，夏天不長，陽光普照的日子亦不多。

翻新前的花園，雜草叢生之外，還有一棵矮樹。

為了方便打理花園，我們決定翻新整個花園，把大片草地轉換為人做草皮及磚。

入住不久後，我們更換所有玻璃窗及花園門。

每年也要為花園的圍欄重新掃漆，小姊弟最喜愛這份工作。

為了增加室內空間，決定加建玻璃屋，第一個工序就是先做好地基。

玻璃屋的頂部安裝完成後，小姊弟便多了一個玩耍的地方。

這個大衣櫃，我們砌了兩天才完成。

除了砌櫃，還要安裝門鐘等，能力所及的都會儘量嘗試。

夏天過去後，事實上我們很少會步出花園，因為天氣轉冷，經常天陰陰及下雨；所以，即使有一個私人花園，全年真正在此活動的日子不多。無論如何，雖然對花園的憧憬跟現實有點差別，但亦很感恩來到英國可以擁有一個私人室外空間。

家具用品

大家新居入伙，都需要添置各種大小型傢俬、家品電器、裝飾等。如果在英國要買一些大型的傢俬，如床架、床褥、衣櫃、梳化及餐桌等，可以去一些大型的家品實體店選購；但如果像我們一樣住在較偏遠地區，也可以在網上購買，只要另加運費就可送到家門。而大部分運輸工人只會把物品送到門口，所以如需要把大型傢俬搬到樓上單位或房間的話，最好先跟家品店確認。

傢俬

大部分傢俬都是整箱送貨，需要自行組裝，有部分家品店也附有安裝服務，可與家品店查詢價錢及服務區域。如果家品店沒有安裝服務，可以嘗試在網上找專門組裝家具的公司或自僱人士報價，通常在同一時間組裝多件家具會較有優惠，但收費絕不便宜，可自行考慮是否需要找人組裝，或是嘗試自行處理。

梳化和床褥

如果大家對梳化和床褥要求比較高，在網上購買時，只看圖片完全不會感覺到軟硬是否合適；所以，到實體店選購會較好。如果大家喜愛宜家（IKEA）的家具，可以預先到香港的宜家分店，親自嘗試一下，英國的宜家傢俬接受網上訂貨，而且款式跟香港一樣，只要有心水款式，可以到英國的網站查看是否也有同款家具發售，那就可以比較安心在網上購買。

電器

英國的插頭跟香港一樣，所以香港的電器是可以直接在英國使用。如果想在香港購買新電器，要注意申請移民豁免入口稅的用品，最少已經連續六個月使用和擁有該些物品；為了保障自己，請保留購買收據。其實大部分電器在英國也有發售，而且，在英國購買的貨品還有保養，大家可以先在網上查看和比較價錢後再決定。

另外，英國的家品店或網上店也有電飯煲發售，不過款式比較普通及選擇較少；如果對電飯煲有要求的話，香港的款式確實會比較新和選擇較多。其他的廚房電器在英國也有很多選擇，例如氣炸鍋、食物風乾機及雞蛋仔機等，可以預先在網上查看款式是否合適再決定在香港或英國購買。

2.6 垃圾回收

家居垃圾

英國地方大，劃分了不同地區政府管轄，而不同地區政府在垃圾回收的程序有所不同；因此，大家要到居住的地區政府網站，查看回收垃圾的程序和時間。

為了讓大家有初步概念，先介紹我們居住地區的垃圾回收情況。

我們的小鎮，每兩星期會收取一次不可回收再造的垃圾；由地區政府分派給每戶一個較大的垃圾桶，而這個垃圾桶除了回收日之外，不可放在公眾地方，所以我們都會放在自己的花園內。當屋內的垃圾袋滿了，就可以把整袋垃圾放到室外的垃圾桶，等待下次的回收。

由於沒有特定時間，我們都會在收取垃圾當天清早，就把整個垃圾桶推出家門前，等待工人到來收取，待收取垃圾後，就自行把垃圾桶推回花園。

而地區政府亦說明，不會收取放在桶外的垃圾。不過一個垃圾桶，大約可以放置三至四袋垃圾，而且我們會把可回收再

在回收垃圾當天早上，就這樣把箱放在家門外。

我們家裏有三種回收箱，分別是一大一小的廚餘筒、回收紙類的紅色膠箱和膠樽及罐類的綠色膠箱。

造的垃圾另作分類，因此垃圾量不多，即使兩星期才收一次垃圾，我們倒覺得問題不大。

如要補領這種較大型的垃圾桶，需要向地區政府申請。無論如何，大家請先確認居住地區的回收程序。

家裏的回收箱

除了大型垃圾桶，我們家還會有三種回收箱，分別是一大一小的廚餘桶、回收紙類的紅色膠箱和回收膠樽及罐類的綠色膠箱。這種回收箱可免費到地區政府或當地圖書館領取。

我們在上班前，會把這些回收箱放在家門前；曾經多次因為街上太大風，放工回到家，發覺廚餘和回收箱都被吹走了，立即四處尋找，幸好箱上寫了門牌號碼，幸運地很容易找回；但是也有兩次遍尋不獲的經驗，最後又要到圖書館重新領取。

廚餘

我們有兩個放置廚餘的桶，一大一小。大的那個廚餘桶放在花園，而小的放在廚房，待小的桶裝滿了，便轉移廚餘到大的那個桶。另外，圖書館或超級市場也有出售專門放置廚餘的可分解膠袋，使用這種膠袋裝好廚餘，然後再放進廚餘桶就會較為潔淨。

在我們的小鎮，每星期都會回收廚餘，跟收取垃圾和可回收的紙罐等是同一天。雖然每星期回收廚餘一次，可是當打開廚餘桶時，都是臭臭的，我們都儘量閉氣。秋冬時，天氣較冷倒還好，夏天就真的怕了；試想在熱天時，那些廚餘悶在桶內一星期，那種異味真是令人作嘔。回收廚餘後，更曾經在桶底見到很多白色幼蟲在爬行，真的很嚇人。

另外，大家亦可安裝廚餘攪碎機，在網絡上可以嘗試找尋資料比較。

紙類、膠樽及罐類的回收

我們用來裝載回收紙類的是紅色膠箱。不是所有紙類都可以回收，大家可以到地區政府網站查看。

回收紙類是兩星期一次，跟回收膠樽及罐類相隔，日期則是與回收垃圾及廚餘同一日。

回收當天，把紅色膠箱與垃圾桶或廚餘桶放在一起，等待回收；不過回收時間不同，可能上午收取垃圾後，下午才收取廚餘桶及回收箱。

總括來說，如果收取垃圾日為星期一，每月第一個星期一就會收取垃圾、廚餘及回收的膠樽及罐類，而每月第二個星期一就只收廚餘及回收的紙類，之後會一直循環。

不同的地區回收箱顏色及程序可能有別，請向地區政府查詢。

玻璃樽

玻璃樽並沒有自己的回收箱，只可找地區附近的玻璃樽回收箱回收。我們的小鎮也有幾個地方放置了玻璃樽回收箱，不同顏色的玻璃樽會有各自的箱，所以在英國回收再造也很仔細。

大家可留意居住地區，有否這種回收箱和地點在哪裏，在放玻璃樽入箱時，謹記要留意顏色。

花園廢料

夏天修整花園時，會有大量花草、樹葉和樹枝等廢料，一般這種花園廢料不會放在家居垃圾桶。

我們會向地區政府申請一種啡色的回收桶，這是專門用於裝載花園廢料，工人會定時到來收取；但是，這種特別服務需要自付費用，如不想付費，可以自行把花園廢料帶到就近垃圾站。

如有很多大型垃圾，可以自費租用 Skip Hire 服務。

不同顏色的玻璃樽會有各自的回收箱，在英國回收再造分類很仔細。

垃圾站

雖然我們住在小鎮，人口較少，但是鎮內的垃圾站人氣很高，我們幾乎每次都要排車隊進入垃圾站。

垃圾站內放了很多個大型車斗，每個都會指定裝載不同種類的垃圾，例如不可回收垃圾、紙類等，還有地方放置較大型電器和家具，如有需要，就可以自行把垃圾運到垃圾站。有部分的垃圾站會對某類垃圾回收收取費用，大家可以先到垃圾站查看。

記得大約四年前，我們由香港運到英國的所有物品，總數有一百多箱，放滿客廳及車房，整整用了兩天把大部分紙箱拆開，當時整個車房，放滿了這些可循環再用的紙箱，我們又花了很多時間，駕車來回多次把紙箱運到垃圾站。

網上群組

每個地區都會有一些網上群組，當有一些完好的物品想棄掉，可以先在這些網上群組留言出價放售，延續該物品的生命，甚至免費送給有需要的人，為環境保護出一分力。

例如前文提及的紙箱，如果免費送給別人，他可以免費得到紙箱，而自己又不用花時間送到垃圾站，真是各取所需，一舉兩得。

門前放售

除了網上群組外，有一些人會把想棄掉的東西放在家門前，寫上「免費」字樣，讓人隨便拿去；亦有一些會寫上價錢。例如單車、燈、椅子等，所有物品就這樣放在門前，沒有人看管，如想購買可跟屋主聯絡。

2.7 資訊網路

電視牌照費 TV Licence

在英國收看電視是需要付費的，由於BBC沒有廣告收入，所以英國政府要求國民繳付電視牌照費，用以支持BBC的營運經費。

不論在任何設備上觀看，包括電視、電腦、手提電話、平板電腦、遊戲裝置或可以接收電視訊號的任何其他設備等，都需要具有電視牌照。除了觀看BBC的節目外，其實只要觀看直播頻道如ITV Hub、All 4、YouTube、Amazon Prime Video、Now TV、Sky Go等，甚至在YouTube上的直播新聞、球賽或節目，也需要支付電視牌照費。

電視牌照費用均須每年支付，價格亦按年調整，現時彩色電視為每年£159.00，而黑白電視則每年£53.50。

有一些情況下是不需要支付這項費用，例如證明只是觀看影碟等；另外，如果年滿七十五歲或以上，電視牌照費用會全數免費，而有眼疾人士亦會獲得折扣優惠。

大家要謹記，如果在沒有電視牌照下觀看或錄影電視節目，會被罰款最高£1,000。

固網寬頻

生活在現今社會，上網的速度非常重要；而且使用網絡的設備又多，如果經常斷線或網速緩慢，那就很不方便了。我們曾經為了方便，在工作的地方沿用前業主的小型網絡供應商，上網的速度真的不能接受，合約完了後立刻轉換另一間網絡公司。

所以，大家可以選擇較大型的網絡供應商，例如 BT，服務及質素較有保障。我們現在使用的家居網速是光纖 49Mb-50Mb，一般家居使用已經足以應付，網絡速度亦相當滿意。

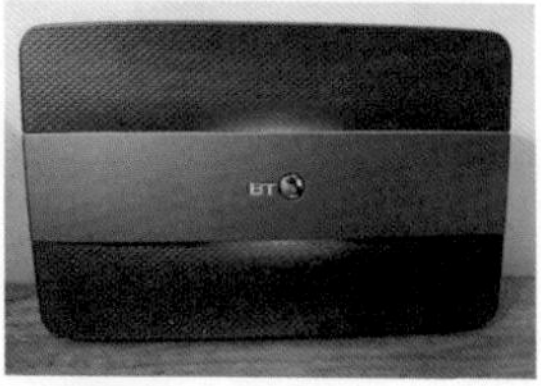

在網絡時代，上網速度非常重要，建議大家一定要先向居住地區的網絡供應商查清楚。

如果大家跟我們一樣，很重視網絡速度，在選擇居住地點時就要特別留意，有時同一區域，但只是一街之隔，光纖網絡已沒有覆蓋；所以在選擇居住地點時，可以到網絡供應商網站，輸入心儀居所的郵政區號，就會知道供應商的服務是否覆蓋該居所，同時亦會顯示提供服務的網絡速度，讓大家細心選擇及考量該居所是否適合。

申請上網的過程非常簡單，一般只是到供應商的網站（可先用電話流動數據上網），輸入個人資料及選擇上網計劃，亦可親身到供應商的門市申請。完成登記後，很快就會收到一部路由器（Smart Hub WiFi Cable & Fibre Router），只要進行一些簡單設定，就可以回到網絡世界了。然而每間供應商的程序可能有別，大家在申請及簽署合約時要特別留意。

流動通訊

英國有很多流動通訊供應商，有一些品牌，大家亦應該很熟悉；但在選擇流動通訊供應商前，可嘗試到居住地區的網絡群組，找尋一下該地區的供應商評語，選擇較有好評的公司，免得在簽約後才發現訊號接收不良。

如果住在大城市，流動通訊接收情況應該問題不大，但如跟我們一樣居住在小鎮，選擇供應商時就要認真考慮。

由於我們每天要駕車前往另一較大市鎮上班，途中大部分是田園區域；如在途中遇上封路或改道等情況，我們便要依賴電話導航，或遇到一些特別情況要使用電話，為免因網絡接收不良難以通訊，亦為了分散風險，我們便刻意使用兩間不同流動通訊供應商，希望不會一起跟外界失去聯絡。幸好我們做了這個決定，因為其中一個電話網絡在某幾段路程是完全接收不到訊號的。

跟香港差不多，流動通訊供應商會提供不同數據組合計劃，大家可根據自己的需要去選擇；如果大部分時間留在家中，數據和通話用量不高，亦可選擇不用簽合約的電話卡（Pay as you go sim），按用量來付費，只要持續增值就可。一般超級市場都會有電話卡出售，亦可以到電訊公司網站申請，很快就會郵寄到府上，在網上增值後就可以使用。

另外，因為申請水電、登記門診、牙醫等服務也需提供電話號碼，如果大家身在香港，其實也可以到發售國際電話卡的專門店購買；或者可直接在英國 Giffgaff 電訊商網站，免費申請一張英國的電話卡，該卡會直接郵寄到你提供的香港地址。當收到電話卡後，只要根據步驟，並以信用卡網上增值及啟用即可，當中可以選購月費計劃，也可購買 Pay as you go 計劃，增值一個銀碼後就會按用量來扣除費用。

2.8 交通駕駛

英國交通

汽車在英國可算是日常生活中的一個必需品，除非住在倫敦、大城市或交通便利的地方，否則，基本上都要用車代步。好像我們住在較偏遠小鎮，如果要到超級市場購物，雖然車程只需六分鐘，但走路的話就要用上四十分鐘。鎮內也有巴士服務，但班次較疏落；所以，駕車可說是不二之選。

英國軚盤方向跟香港一樣，同樣是右軚駕駛，而馬路情況和路牌也跟香港很相近，只是在英國比較多不同大小的迴旋處（Roundabout），駕車時可要小心禮讓。

英國本地人並沒有身分證明文件，而英國的車牌就像身分證一樣，證上載有個人資料、住址及相片。因此，英國的車牌已經是很方便的身分證明文件，不需要隨身帶備護照、行街紙或生物識別居住證（Biometric residence permit-BRP）。另外，如果購買有年齡限制的物品、去郵局領取郵件或網上付款後到實體店取貨等，都可以使用英國車牌作為身分證明。

香港車牌換英國車牌

在入境後首十二個月內，可直接以香港車牌在英國駕駛。如果車牌是在英國簽定了協議的國家（Andorra、Australia、Barbados、British Virgin Islands、Canada、Falkland Islands、Faroe Islands、Gibraltar、Hong Kong、Japan、Monaco、New Zealand、Republic of Korea、Singapore、South Africa、Switzerland and Zimbabwe）或歐盟及歐洲經濟區（European Economic Area）考取的話，在英國居住滿一百八十五日後，就可以直接換取英國車牌。如果不是在以上協議國家考取的車牌，就必須通過駕駛考試才可駕駛。

英國車牌的類別跟香港有別，要注意查核香港的車牌可換取哪一種類別。例如：英國車牌的 Category B，只可以駕駛最多三千五百公斤和最多八座位的車輛。

申請香港車牌轉換英國車牌時，大家需要準備以下文件：

1. 可前往你所在地的郵局或 DVLA 官方網站取得 D1 表格
2. 照片（護照規格）
3. £43 支票作申請費用，如果沒有支票，可以到郵局購買 Postal Order
4. 香港車牌正本，請大家注意，香港車牌不會被退回
5. 在香港考取車牌時的駕駛考試表格（俗稱黃紙），因為要證明是在協議的地方考取車牌，所以最好附上證明。如遺失了駕駛考試表格，可到香港運輸署申

請補領「駕駛執照細節證明」（td320 表格）

6. 身分證明文件，即是護照及生物識別居住證，如果是使用 BNO 申請，則無需寄出身分證明文件

一切準備就緒後，把以上所有文件郵寄到運輸署 DVLA，因為內有重要文件，建議大家選用 Royal Mail Signed For 簽收服務寄出，避免寄失。在一般情況下，三星期內便會收到英國車牌。

如果擔心轉換車牌時，沒有車牌在身而不能開車，可以先在香港申請一張國際車牌作備用（td51 表格），有效期為一年。

英國考取車牌程序

第一步：申請臨時駕駛執照

在英國學車前，必須申請臨時駕駛執照（Provisional Licence），大家可前往郵局領取申請表格或在網上申請。

申請臨時駕駛執照的資格：

1. 在英國居住滿一百八十五天
2. 必須年滿十五歲九個月
（* 根據你的年齡和車輛類型，會有不同的規則。在開始學車之前，請檢查何時可以駕駛所選車輛。）
3. 能夠讀取二十米外的車牌

當申請臨時駕駛執照時，需要提供以下文件：

1. 身分證明文件
2. 過去三年的住址證明
3. 國民保險號碼（如有）

4.照片（護照規格）
提交所有文件及繳付申請費用後，一般申請後十個工作日內，就可以收到附有照片的臨時駕駛執照，有效期為十年。

第二步：理論測試（Theory Test）

大家可到官方網站，搜尋最近居住地的理論測試中心（Theory Test Centre），再在網上預約考試日期及時間。

理論測試分為兩部分：

第一部分是選擇題測試（Multiple Choice Theory Test），在五十七分鐘內回答五十題，必須要答對四十三題以上才合格。

第二部分為危機認知測試（Hazard Perception Test），考試的時候會播放十四段駕駛短片，模擬正在駕駛車輛，測試你對道路上潛在危險的認知和反應能力。總計有十五個潛在危險情況分佈於這些短片中，看到並感覺有危險情況出現，就按動滑鼠以表示你作出反應，不能太早也不能太晚，如果在危險情況出現時立即按動滑鼠，就能得到滿分五分，計算分數是按照作出反應的時間，依序遞減，而其中有一段影片會有兩個危險情況出現，所以十四段影片合共滿分是七十五分，只要得到四十四分或以上就能通過第二部分測試。**提醒大家，理論測試順利通過後，需要在兩年內考取路試，否則需要重考。**

第三步：找學車師傅

學車前，請先確定你要學習駕駛自動波（Automatic）或棍波（Manual）；在英國教授自動波的師傅相對會比棍波少。大家可以在當地找到教車師傅或大型駕駛學校，報名前，請先在網上查一查口碑。英國學車的時間，一節課堂通常是兩小時，每小時的費用根據你居住的郵政區號而有所不同，一般大約每小時£27。

支付學費時，如一次過支付十節學費，可能會有折扣優惠，但小心注意，要確保是值得信賴的師傅或駕駛學校才可，避免遇上害群之馬。

另外，如果從前沒有學習駕駛經驗，又希望一次性通過考試，大多建議至少要學習四十小時以上。

第四步：路試（Practical Driving Test）

在英國考駕駛路試時，考官會審核你的駕駛、倒車及泊位能力，還會觀察考生的安全意識，遇到問題是否可以作出正確的反應等等，所以在英國考車牌是出名困難的。

路試大概分為四部分，以下為大家簡介一下：

- **視力測試（An Eyesight Check）**

考官會在街上隨便指出大約二十米外一個車牌，你必須要正確讀出；如果讀錯，將會是一個嚴重錯誤，考試結果即時定為不合格。

- **汽車安全問題**

在駕駛考試環節之前，考官分別會問你Show me及Tell me各一條汽車安全問題，相關內容範圍可以在網上找到，只要熟讀就可。

安全問題

• 一般駕駛能力（General Driving Ability）及倒車（Reversing Your Vehicle）

考生需要遵循考官提供的指示駕駛，路程約為二十分鐘。考生會在各種道路、迴旋處及不同的交通狀況下行駛，甚至緊急煞車。而途中會在路邊及斜坡停車、再開車，也需要在指定位置泊車。泊車要求有三種（Parallel park、Park in a parking bay、Pull up on the right），考官會隨意選擇其中一種給考生。

• 獨立駕駛（Independent Driving）

考官會提供一個目的地，考生需要根據考官提供的衛星導航（GPS）或路牌前往目的地，路程約二十分鐘。

想要順利通過路試不能超過十五個小錯誤（Driving Fault-Minor），以及不能出現任何嚴重（Serious Fault-Major）及危險（Dangerous Fault）的錯誤。

如果路試合格，考官會把你的路試合格證書（Passing Certificate）發給 DVLA，一般十個工作日內，你就可以收到正式的英國車牌，有效期為十年。如果不合格，可於網上重新報名，並在最少十個工作日後重考。

我們在決定移民後，立即在香港安排學習駕駛和考取車牌，現在回想當初的決定非常正確；因為在看了英國考車的詳情後，感覺真是比較香港困難得多。

英國買車及保險

在英國，如果大家想買新車或預算充足，可以直接去各大車廠，有大量新車可供選購；車廠發售的二手車款式都會比較新，也會重新檢驗及維修，還有一年保養。不過如果是新牌、生鏽牌或雪藏牌，相信都會先考慮購買平價的二手車。好像我們的駕駛技術有限，道路情況又未熟悉，即使不小心碰撞刮花了，也沒那麼心痛吧！

二手車在英國真的非常多選擇，可以到汽車售賣網站按地區、車價、年分、里數、汽油種類、棍波或自動波等去搜尋心儀座駕。如附近有車行的話，也可以直接去看看有沒有合適的車款。

從二〇二一年十月二十五日起，現有的倫敦市中心超低排放區（ULEZ）將擴大，ULEZ將繼續維持每週七天，包括週末（聖誕節除外），每天二十四小時對不符合排放標準要求的車輛收取每日£12.50的費用。如果大家計劃居住倫敦，在選購車輛時要注意符合排放標準。

英國二手車售賣網站

如果在網站找到合適的汽車，可以留意一下車輛的路稅費用及保險費用。英國也有一些網站提供保險費用參考，只要按資料填寫，就會有很多不同保險公司的報價。有部分英國的保險公司都會認可香港的No Claim Bonus（NCB），只要提供香港保險公司的證明就可。

如果是用國際車牌或新牌購買汽車保險，保險費用可能會比較高，所以最好預先比較一下，使用國際車牌和英國車牌的保費差距，再考慮是否等換取英國車牌後才買車較為划算。

車輛年度檢查及車輛保養服務

英國法例要求所有車輛必須進行年度檢查（Ministry of Transport-MOT），要遵循由DVSA制定的嚴格標準清單，透過合資格的檢查中心去作出每項檢查，測試包括煞車、燈光、輪胎和安全帶等項目，確保車輛符合道路安全標準。

各區大部分車輛維修公司也是符合資格的檢查中心，可向附近公司查詢。每年繳交路稅時，也需要在一個月內提供年度檢查證明，所以大家記得在限期前完成年檢。如果在過期前還未安排年檢，就不可以駕駛車輛或把車停放在街道上，否則會被檢控及罰款。

除了每年需要安排年檢之外，還可以安排一次車輛保養服務，當中檢查會更全面，除了安全性之外，還會檢查機油、零件運作等。車輛保養服務並不是法例規定要求，可按車輛狀況來自行安排。

遇上緊急情況，有些事情都要嘗試自行處理。

兒童汽車安全座椅和安全帶法例

根據英國法例規定，兒童必須使用兒童汽車安全座椅，直到十二歲或高一百三十五厘米（以先到者為準）。你可以根據孩子的年齡或身高選擇符合規格的兒童汽車安全座椅。

行車時必須緊扣安全帶；如果車上兒童沒有坐在正確的汽車座椅上或沒有扣上安全帶，則可能會被檢控及罰款。

公共交通

巴士

除了自駕之外，每個地方都會有公共巴士，大家可以自行在網上查看當地的巴士路線及時間表；不過，小鎮的巴士班次會比較疏落，好像我們住的小鎮，每班相隔一小時，錯過了就要多等一個小時。至於巴士收費，除了單程票外，也有日票、星期票及月票優惠，詳情可以到巴士公司網站查詢。

除了鎮內或來往附近市鎮的巴士路線外，較大的市鎮也有到各大城市或機場的長途巴士線，如果預早在網上購票，價錢會更優惠。

的士

除了公共巴士之外，一般鎮內都有的士公司提供接載服務，每個地方費用不同，如有需要可以直接聯絡當地的士公司查詢。小鎮的士大多沒在倫敦，紅色的巴士隨處可見。

來了英國四年，只有一次乘坐巴士經驗。

英國是擁有世界最長鐵路交通歷史的國家，火車路線四通八達，真的很方便，可是這裏的交通費實在昂貴。

有劃一款式，車身顏色亦有不同，但車牌旁邊都必會掛上註冊牌照以供辨認。

鐵路

英國鐵路四通八達，很多市鎮都會有火車直達各大城鎮，只要在網上搜尋起點及終點站，都會清楚顯示票價、班次、轉車次數及時間，不過火車票價相對昂貴。除了要注意時間，還需要看清楚每個轉車站及月台位置。火車票價會分繁忙時段和非繁忙時段，非繁忙時段的車票都會比較便宜，如果需要長期乘搭火車來往兩地，可以考慮購買火車優惠卡（Railcard）、星期票、月票或年票。

倫敦交通

倫敦擁有很完善的交通網絡，有火車、地鐵、輕鐵、電車及巴士，基本上在倫敦內遊走也非常方便。如果要在倫敦乘搭任何公共交通，建議使用 Oyster Card，類似香港的八達通卡，申請時需付訂金，之後再按使用情況來增值費用。倫敦交通工具大多為拍卡付款，使用 Oyster Card 除了有優惠外，還設有每日扣數上限，即是在一天內乘搭費用超過上限，就不會再扣除任何費用，等於上限的定價已經可以在同一日內無限乘搭了。

附近較大市鎮的火車站

利物浦街車站（Liverpool Street Station）是英國境內最繁忙的車站之一，是我們到倫敦必經之地。

票價優惠

英國是按年齡來劃分票價優惠，五歲以下的兒童可免費乘搭所有交通工具，只要由持有有效車票的成人陪同就可。

十一歲以下的兒童無須購票就可以免費乘搭倫敦的公共巴士和電車，但如果要乘搭地上鐵路、地下鐵路和輕鐵，五至十歲的兒童要和持有效車票的成人一起乘搭，否則必須申請「5-10 Zip Oyster photocards」才能自行免費乘搭。

還有提供給年齡介乎十一至十五歲的「11-15 Zip Oyster photocards」及十六至十七歲的「16+ Zip Oyster photocard」，亦可享有兒童優惠票價。

而十八歲以上及居住在倫敦的學生，也可以申請「18+ Student Oyster photocard」，享有百分之三十的折扣。

至於居住在倫敦及年滿六十歲或以上人士，可以申請「60+ London Oyster photocard」，持有此卡就可免費使用倫敦市內的公共交通。

單車代步

不論在倫敦或其他各大小城鎮，都有不少人會以單車來代步，除了要注意安全，也要遵守路面規則。英國的單車不能騎在行人路上，所以如果需要以單車代步只可以騎在馬路上，否則會被檢控及罰款。

而單車騎在馬路上的話，也要穿著合適的服裝並必須遵守道路的交通規則。

2.9 醫療配套

國民醫療保健系統（NHS）

英國有一個國民醫療保健系統，稱為「National Health Service-NHS」，為所有英國合法公民和合法居民提供醫療保健和急救服務，當中大部分項目都是免費的。

在大家申請移民簽證時，需要繳交「Immigration Health Surcharge-IHS」，用以支持英國的醫療保險費用。此項收費需要按簽證年期一次性支付，即是申請五年簽證的話，費用是按每年收費乘五來繳交。來到英國後就可以享用國民醫療保健系統（NHS）的服務。

NHS 的主要服務包括醫療、牙醫及驗眼服務。基本上門診及醫院服務都是免費，但處方藥物則需要自行付費。另外，牙醫及驗眼服務只屬於 NHS 資助，所以是需要自行付費的。

如果身體不適需要求醫，可以致電或網上預約掛號，惟每區的診所安排可能有別，最好在註冊時詢問清楚。

另外，假若情況轉差，可致電 NHS 熱線 111 查詢尋求協助，或自行到就近醫院的急症室。一旦情形緊急並在有生命危險的情況下，可直接致電 999（緊急情況電話號碼）求助。

診所註冊

大家抵達英國後，其中一件重要事情，就是到診所「General Practitioner-GP」登記註冊。注意每個人只可以註冊登記一間診所，生病就醫必定要到你所登記的診所掛號。如沒有登記資料，診所絕不受理。所以在找到住所後，應該儘快在NHS網站按住址尋找附近的診所，前往登記。惟配額非常緊張，而每間診所亦有註冊人數上限，如果該間診所已經額滿，可能都要轉到離家較遠的門診診所才可成功註冊。

回想我們剛到英國時，已預先在互聯網上搜尋了最近的診所，到埗後第三天就立即去註冊（第二天要先領取BRP），當日攜帶了護照、BRP和住址證明到門診櫃檯直接辦理註冊手續，幸運地，這間家庭醫生尚有極少量配額，讓我們成功登記。稍後就會收到NHS的確認信件，並附有專屬的NHS號碼，註冊手續就這樣簡單完成了。

門診服務（GP）

查詢NHS網站

英國人口眾多，醫療資源有限，所以並不鼓勵生小病就求助家庭醫生，而應該嘗試利用自身抵抗力去戰勝小病魔；所以，在NHS網站亦可以找到一些醫療建議，可根據指示自行處理。

只要輸入搜尋病症關鍵字，網站會提醒大家應該或不應該做的事，而裏面亦會提及甚麼藥物對病情有效，可以自行到藥房購買成藥；而在出現甚麼的病徵下，便應該儘快求助門診的家庭醫生或直接前往急症室。

預約家庭醫生

在英國求醫跟香港大不相同，由於我們只可以到已註冊門診的家庭醫生預約求診，而每間診所可能註冊上幾千人，所以有些地區預約可能要等待幾天，甚至更長。還好我們住在小鎮，人口不多，例如子女發高燒等，一般都可以安排即日看病。

如想預約求診，一般可致電、上網預約或親身到診所掛號。我們的家庭醫生由早上八點開始接受預約，大多情況下，即使準時致電到診所，也要排在待接電話行列；所以，當天的配額很快就會排滿，那就只能充當後備，看看有否病人取消預約才可後補頂上。

一般在掛號時，職員會先詢問病況，按緊急情況作出安排，一般發燒、傷風感冒，都會提議自行到藥房或超級市場購買所需藥物。

專科轉介

不論身體出現任何病徵，第一步必定要先接受門診的家庭醫生診斷，如有需要，家庭醫生會轉介病人到醫院或專科跟進。

英國醫藥分家

如果在香港診所看醫生，一般會同時在該診所取藥，但英國是醫藥分家，所以看完醫生後，如有需要，醫生會開出一張藥單，憑此藥單我們可到就近寫有 NHS 字樣的藥房配藥。

大部分 NHS 註冊的藥房也有專業藥劑師，如果大家未能預約家庭醫生，也可向專業藥劑師尋求協助，他們會因應病徵介紹相關成藥。但如果情況嚴重的話，藥劑師也會建議病人必須預約家庭醫生，讓醫生診斷和開配處方藥。

醫生費用

到門診看醫生都是免費的；但如果醫生開配處方藥，就需要支付藥費，處方藥費用定價為每一種藥£9.35。如長期病患者，可考慮購買藥物預付證明書（Prescription prepayment certificate），三個月收費為£30.25、十二個月收費為£108.10，只要持有預付證明書便可於期間領取處方藥物而不用每次付費。

可以豁免收費取得處方藥的條件：

- 六十歲或以上
- 未滿十六歲
- 十六至十八歲全日制學生
- 懷孕或在過去的十二個月中懷有嬰兒，並且擁有有效的產婦豁免證（MatEx）
- 具有特定的醫療狀況並具有有效的醫療豁免證明
- 患有持續的身體殘疾，使你無法在沒有他人幫助的情況下外出，並擁有有效的醫療豁免證明
- 持有有效的戰爭撫恤金豁免證書，且處方適用於相關殘疾
- 住院病患
- 正在領取政府部分福利津貼人士

在英國，NHS 系統根據地區實行不同規則；現在，只有英格蘭會收取處方藥費用，而蘇格蘭、威爾斯和北愛爾蘭是完全免費，大家可以跟註冊的診所確認一下。

常規檢查

如果年齡在四十至七十四歲之間，並且尚未患病，或會每五年被邀請免費接受 NHS 的健康檢查。健康檢查主要由護士或醫療助理負責，會問及一些有關日常生活方式和家族病史等問題。當中會量度你的身高、體重和血壓，並會進行血

液檢查。血液檢查結果可以顯示患有心臟病、中風、腎臟疾病和糖尿病等的機會。

年滿二十五歲至六十四歲的女士，每三年會收到 NHS 的信件，邀請大家到診所免費接受子宮頸抹片檢查，有助於預防子宮頸癌的測試，一般在兩星期內會收到檢驗結果。

隨著患乳腺癌年齡的增長，所有年滿五十歲至七十一歲的女士，每三年都會被邀請接受一次乳房檢查，定期進行乳房檢查有助於發現早期乳腺癌風險，一般在兩星期內會把檢驗結果發送到家庭醫生作進一步評估。

腸癌是男性和女性的常見癌症類型，年滿五十五歲的人士，不論男士或女士也會獲邀請接受一次性的腸鏡檢查，使用腸鏡來查找和去除腸內的瘜肉。而年齡在六十歲至七十四歲的人士，則會每兩年收到通知書及家庭測試套裝，只要把小量糞便樣本寄到實驗室，進行糞便潛血檢測，檢查是否有因瘜肉和腸癌相關的出血問題。這項檢驗結果並不是診斷是否患有腸癌，但是如果檢測結果有異常，會安排專科跟進。

疫苗

NHS 會按不同年齡提供接種不同類型的疫苗。在香港已接種部分疫苗的兒童，來到英國後可以把香港的針卡記錄交給診所，如有需要會安排補打疫苗。

流感疫苗

每年 NHS 都會免費安排為兒童提供噴鼻式流感疫苗，幫助預防流行性感冒，所有小學至中學七年級的學生，會安排在學校接種流感疫苗或可到診所預約。

從二〇二二年三月三十一日起，所有五十歲以上及符合以下資格的人士也可以免費接種 NHS 的流感疫苗。

- 年滿五十歲
- 有長期健康問題人士
- 懷孕中
- 老年人或殘疾人士的主要照顧者（若照顧者生病了，他們可能會處於危險之中）
- 與容易受感染的人一起生活（例如愛滋病毒感染者、接受過器官移植手術或正在接受癌症、狼瘡或類風濕性關節炎治療的人）
- 前線醫護或護理人員

如果不是符合免費接種流感疫苗的人士，可以安排到有提供流感疫苗的註冊藥房自費接種，一般費用為£16.99。

水痘疫苗

水痘疫苗可預防引起水痘的帶狀皰疹病毒，但水痘疫苗在英國並不是兒童常規接種計劃的一部分。NHS 僅向特別有需要的人提供接種。

如果有小孩就讀英國幼兒園或小學，有機會遇到學校爆發水痘潮，已接種疫苗的小孩可減輕水痘的症狀及可較快復原。如果想接種水痘疫苗，可以到有提供水痘疫苗的註冊藥房自費接種，一般費用£140（兩劑）或每劑£75。

除了流感疫苗和水痘疫苗之外，註冊藥房也會提供其他疫苗，例如旅行疫苗、肺炎疫苗及乙型腦膜炎疫苗等，可與註冊藥房查詢詳細資料及費用。

HPV 疫苗

NHS 會為十二至十三歲的兒童提供免費接種 HPV 疫苗。在英格蘭，年齡在十二至十三歲的男孩和女孩或就讀中學八年級時，通常會接受第一次 HPV 疫苗接種，第二劑將在第一劑接種後的六至二十四個月內接種。如果符合資格並錯過了在中學八年級的 HPV 疫苗接種安排，可以在二十五歲生日前，安排補回免費疫苗接種。

醫院服務

NHS 的醫院服務包括急症室（A&E）、手術、住院、分娩及各類專科等，所有在醫院的診療費、住院費用、手術費用、產前檢查及分娩費用等基本上都是全免的，患者通常需要支付藥物費用、牙科保健、眼科保健及假髮等支援費用。

私家醫院

如果大家不想等待 NHS 安排，希望儘快得到診治，而且也想得到更優質的醫療服務，英國也有很多私家醫院可供選擇，價錢當然相對昂貴。大部分私家醫院都設有門診醫生及專科醫生，大家都可以在網上找到相關資料及價錢。

一般如有購買醫療保險，也一定會選擇到私家醫院求診，但最好先跟保險公司問清楚保障範圍及所需手續。

小鎮急診經驗分享

我們居住的小鎮也有一間醫院，但是普通求醫都會先到註冊診所，惟我們亦有兩次使用急診經驗，在此跟大家分享一下。

第一次是在女兒上學時，突然接到學校電話，要求我們立即到學校接走女兒，通話中對方說不用緊張，只是手部受傷，但要我們快點到學校，把女兒帶到醫院處理。

到達學校後，原來是女兒小手指插了一條較大的刺，眼淚汪汪的。其實，如果在校內輕微撞傷或擦傷，老師都會使用冰袋或貼上膠布了事，另外會寫一便條通知家長。

臨離開學校前，老師還叮囑要到醫院去。我們亦聽從老師意見，立即駕車前往醫院，走到櫃檯說出名字、出生日期、NHS 號碼和求診原因後，坐下等候安排，可能真是位處小鎮，沒有其他病人等候，不多久我們被帶到護理室，護士細心拔掉女兒手指上的刺，消毒和貼上膠布；最後，護士還送了一隻穿著粉紅色衣服的小熊給女兒，原本雙眼含淚的她，立即笑容滿面抱緊小熊。

第二次緊急求診的經驗，也是接到學校電話，只是這次主角是小兒子。

那時我們在工作中，學校來電說兒子雙眼變紅，要求我們到學校接走他，我們立即放下工作並駕車到學校，由於路程需時，途中老師還再次來電。

到達學校後，我們見到兒子雙眼紅紅的，老師説應該是紅眼症，叮囑我們要到診所或醫院確認，如確診紅眼症就不可上學。那時已經下午，我們嘗試致電診所，但已經滿額並提議轉到醫院處理，無計可施下，只有駕車前往醫院，跟上次一樣，沒有其他病人等候，很快我們被帶到護理室，護士細心檢查後，確認是紅眼症，就在紙上寫下一種眼藥水名稱，叫我們自行到藥房購買；最後，護士送了一隻穿著綠色衣服的小熊給兒子，讓他開心地抱著回家去。

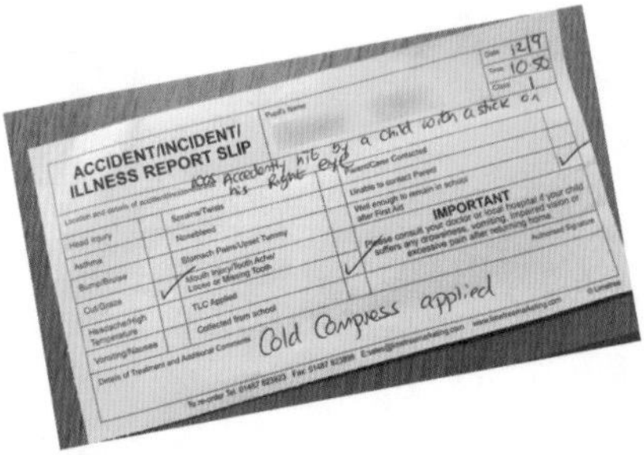

每次放學時見到子女拿著這張便條，便知道他們又在學校受傷了。

從外觀看，這間房屋只是一般住宅，但實際上是一間診所。

這是一間鎮上的醫院，內有不同部門，女兒也是被轉介到這裏接受牙醫治療。

女兒在學校弄傷小手指，到了醫院治療後，護士送她這隻熊仔作鼓勵。

NHS 牙科服務

當大家收到 NHS 號碼後，就可以到有 NHS 標誌的牙醫診所註冊。跟 GP 有點不同，大家可以到多於一間牙醫診所註冊。所以，如果對已註冊的牙醫診所服務有點不滿，就可以到另一間求診。然而大家也不要太開心，因為想找一間尚有配額的牙醫診所極不容易。

預約牙醫服務

如想預約牙齒檢查或求診，可致電或親身到牙醫診所掛號。一般預約時間也要一至兩個星期甚至一兩個月之後，如情況緊急，有部分診所會接受當日的後補行列，但需要等待診所牙醫完成所有預約工作後才會看診。如當日已沒有後補空位或遇上牙醫休假等情況，牙醫診所可能會幫忙轉介到另一間牙醫診所。但如果另一間牙醫診所也沒有配額，而又急需求診的話，只好光顧私家牙醫了。

雖然NHS牙醫診所預約需時，但是遇上緊急情況，也會嘗試安排較遠的診所。

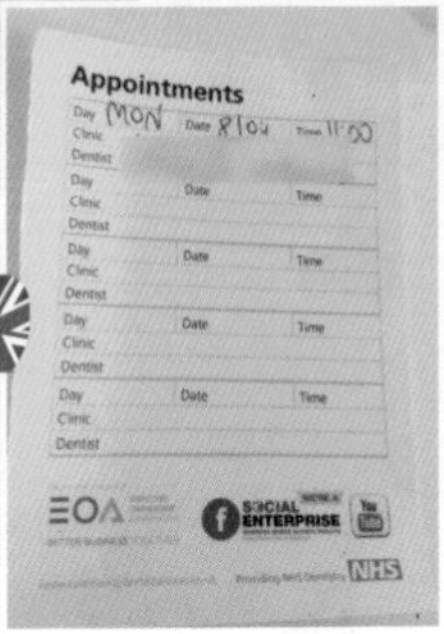

女兒曾經要接受多次的牙醫治療，這是當時的覆診卡。

我曾經在家跌倒撞傷牙齒，便到已註冊的牙醫診所登記，可是職員說牙醫幾天內也不會回來，只能預先登記並安排三星期後看診；所以我便嘗試轉到鎮內其他NHS牙醫診所登記，不幸的是所有牙醫診所都不再接受新NHS病人註冊，我也嘗試致電其他小鎮的診所，亦得到同樣回覆。

當時有一些牙醫診所雖然不接受NHS新症，但卻接受以私人名義登記看診，費用就跟私家牙醫看齊，但仍然要安排約一星期後才有檔期。最後，我便到了鎮內的私家牙醫診所登記緊急掛號，第二天早上已有牙醫安排治療。雖然私家牙醫費用比NHS高，但安排治療時間比較快。

牙醫收費

雖然牙科治療也是NHS服務之一，除了符合條件可豁免收外，一般都會按治療種類來分為三個級別的收費。

- 緊急牙科治療費：£23.80，包括初步的緊急護理，例如緩解牙痛或臨時補牙
- 第一級療程：£23.80，包括檢查、診斷（包括X-ray）、有關預防和相關問題的建議。在臨床診斷時，如需要牙紋防蛀劑或氟素治療也包括在內
- 第二級療程：£65.20，包括以上第一類列出的所有內容，以及任何進一步的治療，例如補牙、杜牙根或拔除牙齒，但不包括第三級療程涵蓋的更複雜的情況
- 第三級療程：£282.80，包括以上第一級療程和第兩級療程的所列的所有療程之外，附加了冠牙、假牙、牙橋和其他更專業的治療

一般檢查牙齒，也是按第一級療程收費，如有需要會對你的治療進行評估，並建議需要哪一個療程及費用。如確定接受建議的治療，會再另行安排時間去完成療程。每家牙醫診所收費程序可能有別，有些需要預先支付治療費用再預約日期，而有部分完成治療後才收取費用，大家可向診所查詢清楚。

NHS的療程收費並不包括洗牙及美白牙齒的服務，因為這些服務並非必需的治療性項目。

如果你符合以下條件，則可以豁免牙科治療費用：

- 十八歲以下或十九歲以下並接受全日制教育
- 在過去的十二個月內懷孕或分娩
- 正在NHS醫院接受治療，並且你的治療由醫院牙醫進行（但你可能也需要支付任何假牙或牙橋的費用）

正在領取低收入補助金，或者你未滿二十歲且有受撫養者領取低收入補助金是豁免條件之一

牙醫會建議每兩年就需要接受一次牙齒檢查，而未滿十八歲就建議一年檢查一次。牙醫診所會提示大家預約安排牙齒檢查，小女兒曾經在一次定期檢查中，牙醫建議要做一種牙齒療程，並提議轉介到醫院跟進；最後，女兒分開三次完成整個療程，由檢查到治療也是完全免費的。

NHS 驗眼服務

如果大家發現視力出現問題，如近視、散光或老花，並需要佩戴眼鏡或隱形眼鏡，可到有視光師的眼鏡專門店預約驗眼服務，一般驗眼費用為£20至£25。視光師會為你做一個詳細檢查，除了視力測試（如有需要會開出配眼鏡單），記錄度數等資料之外，還會檢查眼睛的內部和外部結構，以檢測青光眼、黃斑病變和白內障等疾病。另外，還會測試聚焦和協調眼睛的能力，並查看深度和顏色。如有必要，視光師將會轉介到專科進行進一步的檢查。

如果你符合以下條件，則可以免費接受驗眼服務：

- 未滿十六歲
- 十六、十七或十八歲，並接受全日制教育
- 六十歲或以上
- 被註冊為只有部分視力或盲人
- 被診斷出患有糖尿病或青光眼
- 年滿四十歲且你的母親、父親、兄弟姐妹或孩子被診斷出患有青光眼
- 眼科醫生診斷患有青光眼的風險
- 視光師按情況建議需要接受免費的驗眼檢查跟進

- 正在領取低收入補助金，或者你未滿二十歲且有受撫養者領取低收入補助金

另外，如果你符合以下條件，可獲得配眼鏡優惠券：

- 未滿十六歲
- 十六、十七或十八歲，並接受全日制教育
- 六十歲或以上
- 視光師按情況建議可領取不同價值的配眼鏡優惠券
- 正在領取低收入補助金，或者你未滿二十歲且有受撫養者領取低收入補助金

配眼鏡優惠券共有十個不同的價格優惠，優惠券的價值從 £39.90 至 £219.80 不等，具體取決於所需鏡片的強度。

十六歲以下的小朋友、十六至十八歲的全職學生除了可接受免費驗眼服務外，更可獲得配眼鏡優惠券，資助足夠配一副標準的眼鏡及鏡片。眼鏡專門店都會有註明哪一區的眼鏡屬於資助款式，若要選購特別款式或鏡片的話，就要自行補上差額。

2.10 學校教育

英國學制

英國的免費教育年齡為五歲至十六歲，從五歲開始，就可以享有六年的小學教育和五年的中學教育，英國居民都可以免費入讀政府公立學校。完成中學課程可再選讀兩年 A-level 或 IB，然後繼續到大學接受高等教育課程。

英國學制比香港早一年入學，在香港，六歲兒童才入讀小學一年級，而英國的兒童在五歲時就會入讀小學一年級；另外，英國的兒童在四歲時就可以入讀小學的預備班。計算入學年度是以八月三十一日前年滿要求的歲數來分配，例如出生日期為八月三十一日前而滿四歲，就可入讀小學的預備班，但如果是九月一日後才出生，就要等待下一個年度才可入讀。

英國教育制度會根據年齡分為基礎階段（包括幼兒園和小學預備班），四個關鍵階段（Key Stages: KS1-4）（包括小學，中學），A Level 預科課程（俗稱 KS5）和高等教育。

Key Stage / School		Year	Final Exam	Age
Early Years	Primary	Nursery (or Pre-School)	Schools may set end of year tests	3-4
		Reception (or Foundation)		4-5
KS 1		Year 1		5-6
		Year 2		6-7
KS 2		Year 3		7-8
		Year 4		8-9
		Year 5		9-10
		Year 6	SATS (11-plus)	10-11
KS 3	Secondary	Year 7	Schools may set end of year tests or mock GCSE exams	11-12
		Year 8		12-13
		Year 9		13-14
KS 4		Year 10		14-15
		Year 11	GCSE	15-16
KS 5	Sixth form	Year 12	Advanced subsidiary level of school-set end of year tests	16-17
		Year 13	A-Levels	17-18

英國學校種類

英國學校種類主要有政府公立學校（State School）、宗教學校（Faith Schools）、文法學校（Grammar School）、私立學校（Independent School）及寄宿學校（Boarding School）等。

只要持有合法居留簽證，而年齡在五歲至十六歲的兒童，可免費入讀政府的公立及資助的學校，收生是以住址與學校的距離來作標準，基本上住得越近心儀學校，入讀心儀學校的機會越高。

評估報告 OFSTED REPORT

英國教育標準局是英國認可的監管機構，會為有註冊的學校作審查和評估。評估報告是以學校各方面來評分，包括教學方針、老師及學生表現、學校福利及安全情況等。總體評分等級是1優秀（Outstanding），2良好（Good），3滿意（Satisfactory）和4不足（Inadequate）。評級為優秀或良好的學校可能會在五年內不再接受審查，而判斷為需改善的學校則有機會受到突擊檢查。

大家在尋找心儀學校時，可以在政府網站或學校的網址找到評估報告，除了看總體評分等級之外，也要留意評估年分，如果相差有兩三年以上的報告，最好到學校網站查看學校有否人事上的變更，例如發現換了新校長，學校的教學方案可能也會有不同。

其實評估報告評級為優秀的學校，成績未必是優秀，相反成績優秀的學校也不一定是評估報告評級為優秀的。所以在找尋學校時，除了參考評估報告和成績之外，也可到網上社區群組探查一下，看看區內居民對於學校的評價如何。

申請入學好簡單

如果是在學期中插班的話，只要持有合法居留簽證及住址證明，可直接到住址所屬的地區政府網站，網上申請插班入學就可；一般可以按次序填報四至六間學校，地區政府會按住址與學校的距離來作優先考慮，不過也要看心儀學校是否已經額滿。通常評分比較好的學校都會額滿；因此，要認真考慮清楚才填寫選讀學校的次序。

幼兒園（三歲至五歲）

持有合法居留簽證的三至四歲兒童，可免費享有一年三十八週及每週十五小時的教育資助，直接找尋有政府資助的幼兒園申請入學即可。

如果因為工作需要，希望一星期上課時間多於十五小時，可自行加付學費，每間幼兒園收費不同，除了學費之外，有部分幼兒園會另收小食費用，可以向報讀的幼稚園查詢。

因為幼兒園的學位有限，有部分家長更會在一歲前已開始報名，所以如果想在年滿三歲時入讀有資助的幼兒園，就要提早安排報名事宜。如果有資助的幼兒園已額滿，只好找一些私家的幼稚園，不過學費並不便宜，可以多找幾間比較。

另外，有部分小學會開設預備班，只要年滿四歲就可申請入讀，政府的公立學校及資助學校是免費的，預備班的上課時間會跟隨全日制小學一致。

如果在下個年度的八月三十一日前年滿四歲，就可入讀小學預備班，需要在截止報讀日期前報名，才可優先安排派位。每個地區政府的截止報讀日期可能不同，最好到當地的政府網站查詢。一般會在入讀前一年的十一月開始接受報名至一月中截止，四月中就會有派位結果。

小學教育

持有合法居留簽證的五歲至十歲兒童，可免費入讀政府的公立小學及資助小學，小學收生是以住址與學校的距離來作標準，基本上居住地點越近心儀學校，入讀心儀學校的機會越高。

小學教育分了兩個關鍵階段，關鍵階段一（Key Stage 1: KS1），是一年級及二年級的學

幼稚園的室外，有很多不同類型的玩樂設施。

幼稚園會舉行運動會，家長們可以到場參觀。

生；而關鍵階段二（Key Stage 2: KS2）是三年級至六年級。小學階段中會有兩次標準評估測試（Standard Assessment Tests: SATs）用作評估學生程度，會在完成關鍵階段課程那一年度進行。第一次會在二年級時進行，而第二次就會在六年級時進行，而六年級的 SATs 成績更有可能成為公立中學分班參考。

英國的小學都是全日制，上學時間大約是早上八點至下午三點，惟每間學校可能有別。午餐會在學校享用，可自備午餐盒或由學校提供。學校網站都可以找到每星期提供的餐單，當中包括沙律、主餐、飲品及甜品。關鍵階段一（KS1）的學生都可以免費享用學校提供的午餐，每天早上直接通知老師就可。如果關鍵階段二（KS2）的學生想享用學校提供的午餐就要支付餐費，每天一般約 £2。如果是自備午餐盒，主要都是一些三文治等的冷食餐盒。

就讀小學六年級時，就開始接受報名申請在下年度入讀中學七年級，需要在截止報讀日期前報名，才可優先安排派位。每個地區政府的截止報讀日期可能不同，最好到當地的政府網站查詢。一般會在入讀前一年的九月開始接受報名至十月尾截止，三月初就會收到派位結果。

在家長日（Parent Evening）可以參觀子女的課室及觀看他們在學校的習作

小姊弟會充當導遊，介紹他們貼在課室的作品。

每年學校都會舉行運動會，家長都可以在旁打氣，還可以在草地上一起午餐。

學校都會在夏天舉行夏季嘉年華（Summer Fete），當日會有很多不同的攤位遊戲。

學校舉行的夏季嘉年華，最受歡迎是吹氣床。

中學教育

持有合法居留簽證的十一歲至十五歲既兒童，可免費入讀政府的公立中學及資助中學，中學收生是以住址與學校的距離來作標準，跟小學一樣，居住地點越近心儀學校，入讀心儀學校的機會越高。

中學教育分了兩個關鍵階段，關鍵階段三（Key Stage 3: KS3）是由七年級至九年級，而關鍵階段四（Key Stage 4: KS4）是十年級及十一年級。中學階段會在完成關鍵階段課程三那一年度進行標準評估測試（Standard Assessment Tests: SATs）用作評估。

而學生在十一年級時也要考取GCSE公開試，大部分中學都會在九年級時選科，十年級及十一年級時修讀，要留意的是每一間中學開設學科有別，選校時最好先往心儀中學查詢。一般中學都會有三科必修科（Core Subjects），包括數學、英文和科學，另加選四至九科選修科（Foundation Subjects）。

預科課程

如果 GCSE 成績較好，就可繼續升讀十二年級及十三年級的預科課程（Sixth Form）。預科學院（Sixth Form College）會開設 A-Level 的課程，專注提高學生的學術成績及學習研究，為學生預備考取大學資格。

學生讀完 A-Level 課程，通過考試就可取得普通教育高級證書（General Certificate of Education Advanced Level），可憑證書的成績申請入讀英國的大學。

選修學校 Selective School

在英國，除了可選擇免費入讀政府公立學校、資助學校及文法學校（Grammar School）之外，也可自費入讀私立學校（Independent School）及寄宿學校（Boarding School）。

文法學校（Grammar School）

文法學校是英國最精英的公立學校，考試成績比很多私立學校還要好，不少學生都可以成功考進英國排名前列的大學。在英格蘭只有大約一百六十三間由政府資助的文法學校，當中有分男校、女校或男女校。文法學校是按 11+ 考試成績作收生標準，在小學五年級或六年級時可選擇自行報考 11+ 考試。考取優異成績才有機會入讀，競爭非常激烈。

如果大家有興趣報讀，可以從小開始準備，網上可以找到過往考試題目供參考；另外，也可聘請補習老師加強訓練。

在選擇文法學校時，大家要留意有部分私立學校也用上了文法學校來命名，實際上是一所收費的私立學校，詳情可到心儀文法學校網站查詢考試資料及入學資格。

私立學校（Independent School）

寄宿學校（Boarding School）

私立學校及寄宿學校都是學費自付，課程由小學銜接到中學，提供更優質的教育水平，但每間私立學校及寄宿學校學費及收生標準都不同，可自行到心儀學校網站查詢。

大學課程

高等教育（大學課程）

學生在十三年級已開始申請報名入讀心儀的大學，大部分都要求考生遞交一份自我介紹書（Personal Statement）及以往的考試成績等文件供參考，有的大學也會進行面試來決定給予學生發出取錄要求（Conditional Offer），一般都要取得三個學科的 A-Level 成績，如果符合大學的入學要求，則會被大學正式收錄。亦有部分大學會要求報讀學生參加學校的評估考試，每間大學的收生要求都不一樣，所以申請前應先向學校查詢。

大學學費

英國大學的學費分為兩類，分別是本地學生和海外學生學費，只要在報讀大學前，已成為英籍居民或永久居民，再加上報讀前在英國住滿三年才被當作本地學生。例如在十歲時移民來英國，住滿五年便可申請成為永久居民，第六年就可申請入籍成為英籍居民，即十六歲已成為本地學生資格，之後一直在英國生活，到十八歲時就可被分類為本地學生。但是，如果當你在十七歲時離開英國去了其他地方生活，十八歲再回英國入讀大學，因為你並沒有符合報讀前三年一直居住在英國的要求；所以，雖然你已成為永久居民並已入籍，但也只能被分類為海外學生。

在英格蘭二〇二〇至二〇二一的本地生學費為每年￡9,250，而本地生更可以申請政府的學費貸款，待畢業後償還；如果畢業後工資太低或找不到工作，該貸款會在三十年後被註銷。

學校假期

除了一般銀行假期及長假期如聖誕節、復活節和暑假之外，英國的中小學在每個學期中段都會放一個短假期，一般在秋季學期（十月尾）、春季學期（二月中）及夏季學期（五月尾）都會放約一星期的假期。每個地區的假期日子會有不同，可以在地區政府或學校網站找到假期表。另外，每個學年學校也會有五天的員工培訓日，當日學生不用上課（Non Pupil Day），通常學校也會安排在假期前後，而每間學校安排也不同，可以查看學校的假期表安排。

因為學校要報告出席率，如果發現有學生在沒有通知學校的情況下缺席，學校都會致電家長查問原因。如果小孩因生病而不能上學，一般學校可接受三天的病假，如果病假多於三天，學校可能要求提供醫生證明。如有合理原因而請假，如醫療或牙醫預約也需要提早向學校提出。另外，學校會按教育局的指標來批核因應某些特別原因而請假的學生，如需要參加親友的婚禮或葬禮、探望快要離世的親人、出席正式的宗教活動、參加正式的比賽或活動表演等，學校可根據情況而作出適當的豁免。

英國法律規定在學期間不可以無故缺席；如果因為不被豁免的私人理由、出外旅遊或沒有得到學校許可而曠課，學校也必須向地區政府報告。而地區政府就會向每位父母發出£60的罰款，如果在二十一天內不付款，罰款將會提高至£120。如果在二十八天後仍未支付罰款，則會被起訴。

校服

英國中、小學的校服主要以「色系」為主，基本上沒有指定款式要求。有部分學校會指定學生穿著印有校章的校褸或外套，可以向學校指定校服供應商購買。至於沒有特別指定的校服，例如校裙、校褲等，一般可以自行到服裝店、超級市場或網上購買，只要跟隨學校的色系就可。

兒女的校園生活

移民到英國前的一段日子，我們讓子女觀看很多有關英國學校生活的電視節目和資訊，希望他們對此有初步了解，亦會讓他們上一些由外國人任教的英文班，增加接觸外國人的機會。

回想女兒在香港上學時，經常在校門前哭哭啼啼不願上學，所以我們很擔心來到英國後，哭鬧情況會變本加厲。

第一天上學，我們心情很複雜，站在校門前，跟女兒說再見後，她眼紅紅地轉身揮手，勇敢地踏入校門去了，當時我們真的有點驚訝，因為預想的哭鬧竟然沒有發生。

放學時，老師特意找我們說說女兒這天的情況，說她表現很好。回到家後，女兒說學校生活非常開心，老師還安排了一位同學，像導遊一樣伴其左右及幫助她，讓她安心很多；而老師和其他同學也很友善，還說很喜歡在英國上學。聽到女兒歡喜地憶述校內生活，我們也感到很安慰，同時也很驚訝，只是在英國校園生活的第一天，竟然可以令女兒轉變如此巨大。

至於小兒子，到埗英國時只有三歲多，我們在鎮內找了很多幼兒園也沒有空缺，在無計可施下，終於在另一較大小鎮找到了幼兒園。兒子較年幼，在英國幼兒園上學完全沒有不適應，小朋友只要有玩具、大草地和同學一起玩耍，還會有甚麼問題？

書包只有一本故事書

子女在英國上小學，我們不需要購買任何課本或作業，最初也很懷疑他們如何學習；因為，每天書包內沒有課本和功課，書包內輕飄飄的只有一本故事書，老師也沒有分派家課，除了每星期一次的網上數學習作外，基本上子女回家後自由自在的，怪不得很喜歡在英國上學。

而我們每天都問子女在學校學習了甚麼，他們都是說英文、數學、科學等，但是由於沒有家課，我們完全不知道學習進度等情況，心裏也有點擔心。幸好每年有兩次家長日（Parent Evening）的機會，讓我們對學習情況加深了解。

每次老師接見家長，子女都很開心，不像我們年幼時想起要見家長就怕怕。老師會評述子女在學校的學習情況，如家長有任何問題亦可藉著這機會提出。最後，就是參觀課室時間，可以看到學習環境之外，還有子女在學校的習作，雖然書包只有一本故事書又沒有家課，但是，原來在學校是很繁忙的，我們看到很多習作簿，包括英語寫作、數學、歷史和專題研究等，有一次還見到他們自製的電子乘數表機。

學校的特別活動

除了日常回校學習，每年老師都會安排一些特別活動，例如女兒曾經跟隨老師、同學到海灘玩耍，同時學習自然生態；兒子亦曾跟隨學校到戲院觀看動畫電影。除了以上不定期的活動，以下介紹一些基本的學校活動和慈善活動。

學校旅行

每年學校都會安排一次學校旅行，一般會到動物園、農場或堡壘等，子女每年也很期待這天的來臨。

夏日嘉年華（Summer Fete）

每年夏天，一般學校都會舉辦 Summer Fete，就像是香港的賣物會。子女就讀的學校，會在草地上搭建很多攤位，由家長和學生一起參與協助，可以到攤位購買食物或物品，有一些攤位則會提供小遊戲。

另外，由於學校有一個大球場，會放置很多大型吹氣滑梯，還會安排幾隻小馬，讓小朋友騎著繞圈慢行，家長和子女都很享受一起玩樂的時光。

World Book Day

每年三月第一個星期四就是英國的世界讀書日（World Book Day），這是一項慈善活動，英國的學生會收到價值£1 的書籍贈券，可以在各大書店使用。

當天小朋友會扮成不同人物上學，例如哈利波特、超級英雄、公主等，家長們看得會心微笑。而學校內亦會收集捐款，大家可以支持一下。

紅鼻子日（Red Nose Day）

紅鼻子日是由 Comic Relief 發起的一個慈善活動，每兩年舉辦一次，很多學校都會一起參與，小朋友可在學校內，購買紅色的鼻子；記得上一次還有一些手帶等的物品供購買，善款會用於教育、精神健康等多項領域。

每到紅鼻子日那天放學，一個個小朋友會戴上紅鼻子走出來，蠻有趣的。

Children In Need

這是英國一個大型的慈善活動，而當天晚上BBC One還會有相關的籌款節目，活動的主要幫助對象是兒童和年青人。

活動的代表公仔是Pudsey Bear，大家可以預先到一些大型超級市場購買活動圖案的衣服。

Children In Need活動當天，小朋友會穿上圓點圖案或印有Pudsey Bear的衣服上學，同時學校亦會代為收集捐款，大家可多多支持這些慈善活動。

學習中文

即使我們移民英國，也不要忘記讓子女學習中文；所以在來到英國前，已預先買了一些教導小朋友中文的書籍。

由於我們日常溝通都是使用廣東話，子女一定懂得聽和講；但是，讀和寫就要下點苦功。大家可以到附近的華人會查詢有沒有中文學習班，我們也曾經到過就近的華人會查詢，可惜我們附近的那間華人會教授的中文不是正體字，所以最後我們決定在家自己教授。移民前預先買了的中文書籍就大派用場，我們會定期安排時間在家教授中文，雖然進度較慢，但是五年下來總算有點成果。

生活記錄 小學校園欺凌

很多家長面對子女在英國入學，除了擔心適應及言語問題，可能也會憂慮兒女會否被欺凌。不過以我們所遇，其實學校也非常嚴肅注重校園欺凌事件。

英國有法律規定所有學校都必須制定政策，防止學生之間出現各種形式的欺凌。學校會貼上相關海報，也設有欺凌教學週來教導學生。

除了欺凌問題，同時學校也必須防止歧視問題。如果校園內出現任何欺凌和歧視問題，學校都會嚴肅處理。

我們子女就讀的小學，每年都會有Anti-Bullying Week，除了教導學生不要做出任何欺凌的行為，並會舉行停止欺凌海報設計比賽，並把得獎海報貼在校園內。如果學生遇上欺凌事件，必須向老師求助，而老師和主任等也會跟進事件。當校內學生遇上欺凌事件，家長們也非常著緊。家姐曾向我們提及到有一位男同學經常騷擾另一同學，所以往後的小息時段，男同學不得跟同學玩耍，只能由主任陪同留在教員室，就當是一種處罰；而老師在放學時段，經常要跟家長談論該男同學的情況。後來到了新學期，不知甚麼原因，男同學轉校離開了。

還記得有一次在細佬的家長網上群組，有一位女同學回家後一直哭，說是在中午時份，被一位同學推倒在地，連午餐盒也掉在地上，但又不肯說出是哪一位同學所為；家長也立即致電學校查問，可惜沒有老師見到事發經過，在無計可施下，該家長便在群組內跟大家提及此事，看看是否有其他同學得悉事發經過。當各家長收到訊息後，便立即向子女查問，並迅速表態，自己的子女並沒有牽涉在事件中，同時亦很關切被推倒同學的情況。後來有一位媽咪發出訊息，經查明後是她的兒子所為，便立即向女同學及她的媽咪道歉，並說已經好好教導兒子，保證不會再出現此問題，到第二天上學時，還帶兒子走到女同學面前道歉。

早前亦有朋友告知，他的兒子在學校被同學用筆畫花了恤衫，朋友只當作小朋友之間的惡作劇，沒有多加理會，但英國當地的朋友知道後，說事件非常嚴重，要儘快告知學校處理。

從以上幾個事例，也可感受到對於校園欺淩的重視。大家也要多加注意子女在校生活情況，如發現子女不知甚麼原因抗拒返學或每次提起學校或同學都哭鬧的話，應儘快與老師聯繫查出原因。

當然，小朋友之間玩耍，難免會有碰撞，但是如果大家發現子女遇到欺凌或歧視情況，必定要儘快通知學校，不論事件是輕微或嚴重，學校和家長都會非常重視並立即處理及回應。

2.11 治安環境

英國治安如何？

當大家決定要去另一個國家生活，治安問題一定是重要考慮因素之一。大家很擔心英國治安如何，不知道會否很多偷竊、搶劫和傷人之類的罪案，所以經常會問哪一個地區比較好。其實，壞人會四處走動，今天治安很好的地區，可能明日壞人就會到來；總之，有人生活的地方就可能有罪案發生。然而一般人量度地區的治安好與壞，大多會根據過去的罪案率來作參考。

如果想查看英國的罪案率，可以到英國警察局的網站查閱，只要在網頁上輸入地區的郵政區號，就會連接到當地警察局的網站，大家可以查看最近一個月，該區曾經發生甚麼類型罪案。其中更有犯罪地圖，清楚列明甚麼類型的罪案發生在哪一條街，網站更有最近十二個月及三年的統計。除了查看罪案的數量，也要仔細查看罪案類別，一般反社會行為（Anti-Social Behaviour）的罪案會比較多；反社會行為的定義為侵犯他人基本權利及認為對社會上造成破壞的任何行為，例如噪音滋擾、亂拋垃圾、違反禁足令等也屬於反社會行為，可以從罪案類別來分析該區的罪案情況。

如果查看區域的搶劫案、暴力罪案或持刀案等嚴重罪案較多，那就要認真考慮是否落戶當區了。

華人確實是偷竊或搶劫的目標人物，所以應該儘量提高警惕，保持低調，避免晚上獨自外出。一般大城市、城鎮的舊區或鎮中心人口比較密集，所以罪案率也自然較高。

保安設施

在香港居住，如果不是住在大型屋苑及大堂有管理員把關，一般家庭都會加裝一度鐵閘，甚至會安裝窗花，在英國是否可行？我們到埗英國前已經選擇居住排屋，最初的時候也有想到可否安裝鐵閘和窗花，感覺較為安全；但是，英國的親戚說，如果安裝了會令人覺得很奇怪，於是我們便想等待到埗後再決定。抵達英國不久，看看鄰居的住所或沿路經過的房屋，都沒有安裝鐵閘或窗花，有些還不會拉上窗簾，屋內環境看得通透，就知道兩地文化不同，那就再沒有安裝鐵閘和窗花的想法了。

賊人一般都取易不取難，大家在選擇了住所後，可以做多一些保安防盜設施，加強阻嚇作用，望賊人知難而退。除了在外面財不可露眼之外，家裏也不要放置太多現金、珠寶首飾等貴重物品，遇上爆竊也可減少損失。以下為大家介紹幾種保安裝置。

保安燈（Security Lighting）

如果家門前沒有街燈，四周光線又微弱，特別在冬天時，下午四時已經天黑，取鑰匙開門回家都有困難。

所以，大家可以在家門前安裝保安燈，一般在天黑時偵查到有人接近家門前，就會亮燈，從此回家時就不用伸手不見五指；另外，如果在家時看到燈亮起來，即是有人經過或行近家門前，也可以提高警覺。

除了家門前，晚上的花園真是漆黑一片，也可以在花園安裝較強力的保安燈，運作跟門前的一樣，但是可照亮整個花園，一旦燈亮起來，可讓我們有所警覺並立即查探原因。我們安裝在花園的燈，經常亮起來，幸好只是鄰居的家貓路過而已。

智能門鐘（Smart Door Bell）

英國也有很多假扮送貨工人的案件，他們會

如果家門前沒有街燈，四周光線又微弱，可以在家門前安裝保安燈，一般在天黑時偵查到有人接近家門前，就會亮起來。

晚上時，花園真是漆黑一片，可以安裝較強力的保安燈。一旦燈亮起來，就讓人有所警覺並查探原因。

英國也有很多假扮送貨工人的案件，安裝了智能門鐘就不用隨便開門了。

按動門鐘，待你打開門時，就會跟預先埋伏的同黨一擁而上。

所以，大家可以購買智能門鐘，這種門鐘有即時影像和對話功能，只要預先安裝相關的App，並連接手提電話，當有人按動門鐘時，手提電話就會響起，並且可以看到誰人按門鐘和與對方即時通話，避免在不明情況下開門。

購買這種門鐘也要細心選擇，有一些接收非常差勁，所以選用較大型品牌會較有保障。

閉路電視

大家可以安裝閉路電視系統，二十四小時監控家門前和花園等情況，除了可在手提電話上隨時查看，如有需要亦可翻看錄影片段。

IP網路攝影機

如果不想安裝閉路電視系統，也可以選擇安裝IP網絡攝影機，同樣可以通過手提電話查看，個別亦有錄影功能，但是安裝步驟就簡單得多了。

熱能警報器

市面上有很多熱能探測器出售，價錢非常便宜。當探測器偵測到有人經過，就會發出警號，特別在晚上，全家人在二樓睡覺，可以在客廳等位置安裝適量熱能探測器，提供預報功能。

市面上有很多不同牌子都有整套保安系統出售，當中還會包括熱能探測器和警鐘等，大家可細心選擇並找專業人士協助安裝。

生活記錄　保安及人身安全

不論生活在世界任何地方，家居保安和人身安全非常重要，雖然，有一些不幸之事情要發生的總是不能避免，亦不可能神準預知！尤其是大家初到英國又缺少了一點安全感，為家居安裝一些基本保安設備，可說是盡了點本份。

生活在香港，大部分的住屋是高樓大廈，大堂一般亦有廿四小時保安，又可以安裝窗花等，感覺上總是較為安全。雖然，選擇在英國居住大廈可能也會有保安，但是，很多人是居住在一間間的獨立屋，試想坐在家裡的客廳看書，望出窗外見到路人經過，初到英國看到此情況時，可能也有點不太習慣。亦有很多香港網友私下提問可否安裝鐵閘和在室內裝設窗花。我們到英國生活後就明白，這區真的暫時沒有見到人們會安裝鐵閘和窗花，如果安裝了，反而會令到本地人覺得奇怪和標奇立異，更引人注目。

在此介紹一些基本的保安設備和注意事項供大家參考。

1 如果大家留意英國地區新聞，經常會看到一些有關壞人闖入屋或「爆格」等事件，即使不是住在獨立房屋，早前亦有發生兩人假扮警察並意圖進入一大廈的住宅單位，當時屋主要求對方出示證明文件，幸運地，兩人可能感到事情敗露便轉身離去，除此以外，亦有很多個案是壞人假扮送貨工人，待屋主打開大門，在後面埋伏的人便一湧而上闖入屋。所以，大家在英國請不要胡亂開門，務必要確認清楚。大家可以安裝視像門鐘，當有物體接近家門前，手提電話便會有訊息提示，不但可以看到接近者或按鐘者的面貌，還可以即時作語音溝通。

＊溫馨提示：選擇視像門鐘，最好選擇購買大品牌會比較穩定。

2 安裝防盜系統也是不錯選擇，一般防盜系統包括 CCTV、熱能警報器和警鐘等，如有突發事件如警鐘響起，系統公司便會跟進情況和跟你聯絡，當然，每間公司提供不同的服務，如大家有興趣安裝這種系統，請詳細查詢和選擇。

3 如不想長期付錢予保安公司，大家可以自行安裝 IP Cam，這是成本較輕的選擇。

4 除了視像鏡頭，大家亦可購買幾個熱能警報器，可以安裝於室內不同位置，例如當大家於晚上在二樓睡覺，樓下的情況全不知曉，設想如警報器響起，大家便可以有所警惕，如果真的是壞人闖入，亦希望警報聲響令到壞人轉身離去。

5 如大家發現當入黑後花園漆黑一片，大家可以安裝一些較強力的燈來照亮整個花園，特別是有偵測移動功能的會較佳。大家到英國的家品店，內有很多太陽能的燈供選擇，但是要留意的是在英國的冬天，日照時間較少，而黑夜又來得早，如使用太陽能燈便可能不足以支撐整個夜晚。

以上只是一些基本保安設施，大家可細心選擇喔。

曾經看過一篇花邊新聞，碧咸家中已經聘請了七名保安，但仍然兩度被賊人犯案入屋偷竊。而碧咸為了加強保安，所以決定加養一隻保安狗。我們後街的鄰居也有養狗，有時晚上突然狂吠，我們也會視察四周環境，加強警覺。除了以上一般基本保安設施之外，養一隻保安狗也是一個不錯的選擇。

其實只要有人生活的地方，就可能會有壞人出現，他們會四處走動，所以，即使大家住在一個出名較安全的地區，下一秒壞人可能就出現在你面前，因此除了家居內的保安設施，在室外時也不要鬆懈。

如果大家有留意新聞，早前就發生了一些女子晚上單獨出街而遭遇不測，其中一單案件是該女子走了一條小路，就只是幾分鐘而已便發生了不幸之事，所以，在英國儘可能避免晚上單獨外出，而且由於地方較大，如不在市中心更加行人較少，發生不幸事件時真是叫天不應！

在一個陌生的新環境生活，難免會感到不安及憂心，大家謹記做好防盜設施及提高警覺。

2.12 生活開支

每月基本開支

不論生活在任何國家，每月基本的生活開支需要多少，很視乎自己的生活模式，可以活得奢華，亦可以平淡生活；以下是我們一個普通四口家庭在英國每月的基本開支，沒有特別奢侈或節儉，就讓大家參考一下。

住屋

每月最大的開支應該是住屋，由於我們在英國自置物業，所以沒有這項開支；如果大家到英國選擇租屋，那麼租金方面可以按自己預算去選擇。

食物及日用品

如果要到華人超級市場購物，價錢真的不便宜。但在本地超級市場購買的食物，價格合理，日用物品也不昂貴。在食物及日用品方面，我們每月大約支出£350至£400，已經可以解決早、午、晚餐及所有日用所需，當然，以上是在家煮食的基本價錢；如果大家要經常出外用膳，享用各國美食，那就另作別論。

很多大型的超級市場及家品店等都會集中在一個商業圈

光纖上網、家居電話和手提電話

今時今日，上網和手提電話均非常重要。由於我們很關注網絡速度，在家工作時對網絡亦高度依賴，所以使用了價格較高的光纖上網計劃，另加一條家居電話線及兩個手提電話，每月開支大約£75；另外，不同供應商的價格和合約內容有別，大家可視乎個人需要來選擇。

電費及煤氣費

我們使用無火煮食，只有煲熱水洗澡及開暖氣時才會使用煤氣。在冬天時，子女放學回家就會開啟暖氣大約四小時，全屋都變暖後，我們就會關掉。至於使用電力方面，都是一般煮食、電視及電腦等裝置。

現時每月的電力及煤氣費大約£88，在秋、冬時，電力及煤氣費用則較高，以上是過去十二個月的平均價錢。不過由於在二〇二二年四月開始，能源價格大幅上漲，政府預計一般家庭的賬單每年可能要增加£800左右。

水費

除了按用水量計算水費之外，也需要支付污水處理費用；而在英國是用淡水沖廁所，所以沖廁用的水也會計算在內，而剛過去的十二個月平均每月價錢是￡35。

泊車及汽油費

我們的家設有私人車位，所以不用支付泊車費，由於家住小鎮，即使把車泊在路邊也不用付費；而在倫敦及有部分地區需要另外支付泊車費用的。

以前我們用的是汽油車，每天來回工作地方，另外，就是一般接送子女上學、到超級市場購物等，行車大約為三十英里，當時每月汽油費用大約￡150。而我們在二〇二一年更換了混能車，使用汽油量大幅減少，雖然面對汽油價格上漲，但每月汽油費仍可以節省很多。

以上就是我們每月基本開支，一些非經常性的額外支出則不能計算，例如路經商店買童書或玩具等。始終每個家庭生活方式不同，數字只供參考。

每年額外開支

除了每月的生活開支外，大家還要留意每年有一些額外支出。

Council Tax

我們每年需要向地區政府繳付 Council Tax，用以支持地區政府在該區進行社會服務，例如回收垃圾、道路維修等。英國的 Council Tax 是以住戶為單位來徵收，從A至H劃分八級。

在網站內輸入郵政區號，就可以查看居所的級別，再到所在地區的市政府網站，就可以查看到居所級別的應繳稅額。

家居保險

為了保障物業，一般都會購買家居保險，以保障一些意想不到的事件發生，例如火災、入屋爆竊等，保險金價則視乎個人需要。

汽車保險

跟香港沒有太大差別，在英國駕駛必須要購買第三者保險；至於其他的保障則視乎個人需要。

汽車路稅（Vehicle Tax）和年檢測（MOT）

要在英國駕駛就要付汽車路稅，稅額會根據車輛的大小、類型，以及燃料種類來決定，而支付路稅的同時也必須提交有效的年檢證明。

電視牌照費（TV Licence）

在前文曾經提及在英國收看電視是需要繳付電視牌照費用。

除了一般固定的支出，大家也要預留一些意外支出，例如維修費等。

英國生活指數

如果曾到英國旅遊，很多人都會覺得英國物價指數很高，每日酒店住房費、交通費、餐飲費、入場費等真的絕不便宜。由於大部分旅客都會偏向住在市中心，方便出入及旅遊觀光，而去的都是著名景點及特色餐廳；所以，旅行的消費模式跟真正生活實在不可相提並論。

一般居民不會一日三餐出外用膳，也不會每天乘搭交通工具四處遊玩及消費，真正在英國生活，才能體驗真正的物價指數。

房屋

住屋是最重要的一部分，大家都可以按預算來尋找合適的地區，如果選擇居於倫敦，房屋售價和租金會高很多，跟香港不相伯仲。

居於遠離市中心的地區，屋價會比較低。例如樓高兩層、三間睡房和附設花園的房屋，售價大約£30-45萬。而租金一般每月約£1,500-£2,000。

相對於香港不合理的樓價跟面積，在英國的生活標準則大有不同，英國的房屋空間較大，一般會有私人花園，活動範圍更多，只要添置一些玩樂設施，假日留在家裏已經很好玩了。

水費

英國每個地區的供水公司都不同，有部分地區只有一間公司負責，而有部分地區可以有多間供應商選擇，大家可以在網上查詢所住地區的供水公司。

有部分地區的水費收費標準有兩種，第一種是沒有水錶（Unmetered），會按物業來評估一年的水費，另一種是裝有水錶（Metered），會按用水量來計算水費。除此之外，水費價格還可選擇固定收費或浮動收費。英國是實行污者自付的原則，水費公司在計算你的水費時，除了計算用水量之外，還會收取污水處理費用。

對比香港的水費價格，英國的收費會較昂貴。

電費和煤氣費

英國每個地區的供電及煤氣公司都不同，可以在網上查詢所住地區的供應商。

英國有兩種電錶，一種是只顯示一行錶數，另一種是有兩行錶數，簡單說明就是一行錶數的電量收費是統一的，而有兩行錶數的是會按繁忙和非繁忙時段來收費，每個地區的非繁忙時段都不同，通常特價時段為晚上十一點至早上七點，電費價格會便宜 27%-36%。電費和煤氣費的價格也可選擇固定收費或浮動收費，不過要留意冬天用電量和煤氣量都會比夏天多。

對比香港的電費和煤氣費價格，英國的收費跟香港差不多。而英國也有一些比價網站，只要輸入住址的郵政區號，再填寫有關資料，就會推薦不同供應商的價錢作參考。

理想座駕

在英國有很多歐洲車款選擇，如果想擁有福特、奧迪、平治等品牌，絕對比香港便宜很多。如選擇二手車，可按車齡、里數等找到合適的二手車款，如果不介意比較舊款，價錢也很便宜。

交通費用

一般在英國偏遠地區居住，也會有公共交通工具服務，但交通費用確實比較高。以我們小鎮為例，單程巴士車費最低收費為 £4.10。而來往大城鎮則只有火車，雖然可購買日票、星期票、月票及年票，但英國火車票價絕不便宜，所以大部分人都會自己駕車。

如果居住在倫敦交通費則相對比較划算，倫敦的巴士或電車收費每程為 £1.65，如果使用 Oyster card，在一天之內，巴士及電車的扣數上限為 £4.95，即支付 £4.95 就可在一天內無限乘搭。倫敦的交通費用跟偏遠地區有別，但小鎮的公共交通費用相對比較高。

汽車油價

英國每個油站的油價不是劃一的，一般超級市場附設的油站油價，會比較便宜，可以在網上查看油站位置，再選擇哪一間油站較划算，因為不同油站的汽油價格可能會有幾個百分比的分別。如果跟香港相比，英國的汽油價格較為便宜。

食材

在本地超級市場有很多已準備好或已調味的食材，只要按指示去焗煮就可，非常方便及價錢實惠。如果選擇自己烹調，亦有大量新鮮食材可供選購。

例如購買冰鮮肉，一隻中型冰鮮雞約一點四五公斤售價￡3.99、整條豬腰肉約四百十五克售價約￡3.65。

來到英國後，售賣不同肉類的超級市場，就是我的最愛。

新鮮蔬菜款式也不少，如二點五公斤包裝的馬鈴薯售價約￡1.25、三百五十克西蘭花售價￡0.55、三百六十克芽菜也只需￡0.99。不過，部分中式蔬菜會比較昂貴，如小棠菜只有兩棵約二百克售價約￡1.15，幾棵菜心約二百克售價約￡1.20，但那只是一人份量喔！

一般超級市場也會售賣中式的飯盒

在英國也可以買到菜心，不過價錢較貴。

水果款式跟香港相比較少，但一般蘋果、橙、提子、士多啤梨、藍莓、西瓜、蜜瓜等，價錢一般約在￡2-￡3。

還有很多冰鮮食品選擇，價錢一樣經濟實惠。不過英國也有貴價及平價的超級市場，豐儉由人，可以到超級市場的網站參考。除了本地超級市場，也可以到華人超級市場購買亞洲食材，例如泰國米、魚蛋等。只是物離鄉貴，但偶然可以品嚐一下家鄉味道也是不錯。

出外用餐

任何地方也有高級或平民化餐廳，這要視乎個人需要或慾望。英國的餐廳較少套餐選擇，前菜、主菜、飲品和甜品，由於要分開點餐，所以價錢會較高。

另外，本地一些超級市場會附設餐廳，價錢較大眾化，例如主菜價錢大約每款￡6-8，有些餐廳在下午三點後，還會提供點選成人主菜可免費附送一份兒童餐的優惠。

英國也有很多中式外賣店，每款飯、麵或小炒菜色售價約£6-8，而且購買超過一定數量就會免費送餐，有些外賣店還會贈送蝦片一包，很受本地人歡迎。

英國必食的炸魚及薯條，個人覺得 Plaice & chips 最美味。

每逢週末，我們都會到 Café 進食西式的午餐。

英國茶樓的點心及炒麵，水準也不錯。

日常用品

英國的日用品，如沐浴露、洗頭水、牙膏、廁紙等，也有很多選擇，除了廁紙及紙巾價錢較高，其他用品相較香港便宜。一般超級市場、家品店及藥妝店也有日用品發售，可以上網查看價格作參考。

衫褲鞋襪

英國本身也很多本地品牌，如 Primark、Next、George、Tu、F&F 等，款式選擇多，價錢也很實惠；另外 H&M、GAP 及 Uniqlo 也有很多分店。嬰兒及兒童的服裝用品都是屬於免稅貨品，所以價錢也相對便宜。

娛樂費用

娛樂費用都是依個人生活模式與興趣有別，一般看電影或歌劇表演約 £10-15，到俱樂部或

市鎮的運動服裝店，運動鞋款式未必最新，但對於追求簡樸生活的我們已經非常足夠。

酒吧消遣一般約£10，旅遊名勝或大型活動的入場費用則較高。

我看英國物價

除了水費、公共交通費用和娛樂費用比較高之外，其他物價跟香港差不多，反而食材和日用品的價格會更低。

看到以上的資料，相信大家已經把英國的物價指數作了對比。以上只供參考，始終每個家庭的生活模式不同，可以根據個人生活方式來自行定斷英國的物價高低。

精打細算小貼士

優惠卡

大部分的超級市場或藥妝店都有專屬的會員積分卡，可在店內或網上申請，除了得到會員限定優惠外，每次都會按消費額來計算積分，有部分附設油站的超級市場，汽車油費也可儲存積分，只要儲到足夠積分就會有現金折扣券或優惠折扣。有部分會員積分卡還有聯盟商店，可以在不同商店儲分及使用優惠折扣。

特價優惠

各大超級市場或家品店，都會在每星期或限定時期推出不同的特價優惠，通常都會把優惠貨品放在入口處，大家亦可到相關網站查看，英國的優惠價只限優惠時期，售完即止。

自家品牌

英國的超級市場都會推出自家品牌的產品系列，價錢都會比著名品牌便宜。大家可以嘗試購買，質量也不太差，有部分更比著名品牌好，特別是較高檔的超級市場，推出的自家品牌產品都有品質保證。

特價黃標

通常在傍晚時分，超級市場都會把當日到期的食品貼上特價黃標，雖然食品已到期或快到期，其實大部分仍然新鮮，但是價格會降低很多。

現金回贈網站

英國有兩大現金回贈網站，只要透過網站連結到網上商店購買商品，就可得到不定的回贈金額，網上購買的商品，可選擇送貨服務之外，也可以選擇到實體店取貨。

現金回贈網站都是免費加入成為會員，如果想網購貨品，只要到網站尋找商戶，看看有沒有參加現金回贈計劃，每個商戶推出的回贈都不同，大多由百分之一起，更有不定期的回贈優惠日，可能高達百分之三十至五十。現金回贈的金額通常要等一段時間才能確認，因為商店要確定商品沒有被退貨、換貨或回收。當一切確定後，就可把回贈金額直接存入英國的銀行帳戶或可換成其他商戶的網上現金券。

換季服飾

每到換季時段，服裝店都會促銷清貨，每年換季都會有夏季或冬季促銷，可趁清貨大特價時購買，特別是大褸或鞋款，可省回不少服裝費用。不過特價貨品大都是斷碼款式，所以也未必找到合適的尺寸。

黑色星期五大促銷（Black Friday Sale）

英國一年一次大促銷就會在十一月第四個星期五進行，命名為黑色星期五大促銷，不論大小品牌、實體店或網上店也會有不同優惠，本地人都非常期待。

大型品牌一般會在黑色星期五促銷日之前，才公佈有甚麼物品會提供優惠，有部分商戶則會提早推出，要知道每個品牌和商戶的安排有別，大家最好預先鎖定目標品牌，追蹤推出優惠的貨品及時間。基本上，大部分的商品都會參與黑色星期五的促銷活動，例如電器、傢俬、香水、護膚品、玩具、AMAZON 等；另外，電視機、大型電器和家庭主婦鍾愛的 Dyson 吸塵機等，更有高達£100 以上的折扣優惠。

通常在十一月初，各大傳媒都會按去年的促銷物品，估計今年有哪些促銷優惠，好讓大家作出預先準備。如果大家想添置電器及貴價貨品，可以預早選定款式，再預備在折扣日買到心水貨品。

聖誕拆禮物日促銷（Boxing Day Sale）

很多商店會在拆禮物日進行促銷，特別是服飾店都會進行大減價，因為特價品都是貨尾大清貨，基本上是先到先得；所以，有些本地人很早就到商店門口排隊，等待商店開門，希望可以一馬當先購得心頭好。

Argos 是英國最大的網購商店之一，主要透過網站購買，可選擇送貨或到實體店取貨，所以店舖內擺放的商品不多。

2.13 文化差異

每個地方都有屬於本土的文化，雖然面對文化上的差異，或會產生很多疑問或不快的經歷，但學習尊重當地文化，也是移民之路所必備條件之一。以下發現的生活文化差異，都是我們在英國生活四年所見，曾經跟住在倫敦的朋友閒聊，兩地也是差不多，大家可以當作參考。

口音

英國是以英文為官方語言，但每個地方都有不同的口音，蘇格蘭、愛爾蘭的口音也與其他地方不同，而英國本身是一個多元文化的社會，基本上每天遇到不同的人，可能都會有不同的口音。

記得剛到埗時，需要打電話查詢或預約，在電話中聽到的英文，跟從前在觀看外國電影或電視劇有點不同，就算要求慢慢講一次，也是聽到一頭霧水。當正在質疑自己的英語水平時，於超級市場跟店員查詢送貨事宜，卻跟這位店員溝通上完全沒有問題，那時就知道是不同口音的差異。

言語表達

英式英文會比較客氣婉轉，不會直接把內心所想直接表達，有時候接收的訊息很模稜兩可，需要自我再猜透一下。好像我們去餐廳點餐，如果食物已經售完，店員可能會說擔心分量不足夠，第一次聽到的時候，還想待店員去查一下，如果分量足夠就可以，怎知道原來擔心分量不足夠的意思，就是已經售完。

回想我們當初找了一些裝修師傅來報價，在一起商討時，對方表現很積極和樂意，還說回公司後會報價及回覆，可是過了一星期還沒收到回覆，致電也不接聽；後來才知道，原來不回覆就代表不想做。另外，曾預約私人公司來作家居檢查熱水系統，約定了日期和時間，我們還在家裏等待，最後對方也沒有按時到達，致電留言也沒有回覆，就知道他不會來了。經過很多次的經驗，現在已經可以憑他們的回應，就猜到他們的真意了。

在英國會經常聽到很多讚美字眼，不論甚麼事情都會讚賞一下。我們每次在家長日跟老師見面，基本上每一句都是讚賞的說話，Brilliant、Excellent、Well done 和 Amazing 等，我們店舖也是一樣，每當客人來取貨時，還沒有從包裝袋把貨品拿出來，客人就已經說 Amazing 了，讚美的字句就好像是口頭禪一樣。

除了讚美字眼，在英國也會常聽到 sorry，但其實道歉只是出於禮貌或難堪而說。例如在街上撞到別人，被撞到的人會跟撞到他的人說 sorry。如果打錯電話，雙方都會說 sorry。有些客人來買東西，他們也習慣會先說 sorry 才說要甚麼。如果聽到壞消息，通常都會跟對方說 I'm so sorry to hear that...

社交禮儀

招呼的方式

最常見的打招呼方式是握手，但對於比較熟絡的朋友，都會擁抱一下及親一親臉頰。我們的店舖也有幾個比較熱情的客人，每次來取貨都會以親一親臉頰以表謝意，其中有客人更是滿臉鬍鬚，有時知道他們來取貨，還是儘量由同事代勞。

稱呼的方式

在英國，有時候不論認識與否，都可能會被稱呼為Darling，不過其實Darling的意思只是在稱呼上加一點親切感，就好像在香港人稱呼靚仔或靚女一樣。不過在回應時也該注意，Darling主要是男士稱呼女士、女士稱呼男士及女士時使用，而男士稱呼男士時只會說Mate，千萬別說錯令人誤會。

另外，對兄弟姊妹、親戚和熟朋友之間，通常都直接以名字來相互稱呼。如果有幾個兄弟，不會分大哥、二哥或弟弟的叫法，甚至舅父、姑姐等長輩都是以名字稱呼。以往在香港，如果街上見到比較年長的人，都會以伯伯、婆婆、哥哥或姐姐稱呼，但來到英國後，放學時見到長輩級的家長，小孩也是直接叫出對方的名字。

寒暄的方式

如果在街上遇到認識的人，因比較著重禮儀和私隱，一般很少談論私人問題，也不願涉及當地的政治事務，就算談及球賽也會擔心支持球隊有別，所以最簡單直接就是談論天氣，英國天氣多變，時熱時凍，很容易就能打開話題。

飲食文化

在英國進食習慣主要分為早餐、午餐和晚餐，有部分還會有下午茶及宵夜。一般當地人比較喜愛焗、燒烤及油炸，不過超級市場也有很多印度及中式的食物以供選擇，而且很多已經是處理好並已調味，基本上加熱或煮熟就可，非常方便。

傳統的英式早餐非常豐富，有煙肉、香腸、雞蛋和多士，但現在大多數人都沒辦法每天享受，所以一般家庭的早餐種類還是比較簡易的麥皮粟米片加牛奶或多士類，因此傳統英式早餐都變成餐廳中全日供應的早餐（All day breakfast）。

有部分地區會把午餐稱為 Dinner，晚餐稱為 Tea Time。因為 Dinner 通常是指一天內食得最豐富的一餐，所以並不一定是晚餐。我們住在 Essex 區，也是會把午餐稱為 Dinner，餐廳中的餐牌都會把晚餐時間定為下午茶時段（Tea Time），而學校的午餐也是稱為 School Dinner。

因為通常都會在中午十二點進食午餐，所以在下午三至四點進食輕便下午茶（Afternoon Tea），主要都是茶、蛋糕、三明治和餅乾。亦有餐廳會在下午茶時段推出三層精緻的糕點（High Tea），一般是自下而上，第一層會擺放三明治、第二層放傳統英式鬆餅、第三層會放甜品或蛋糕和水果撻，從底下第一層開始往上享用。

第三章

在地工作

你睇下張糧單，已經扣埋稅。
扣錢都咁開心？
係呀，可以慳功夫唔使自己報稅。
仲唔使一次過交咁肉痛嗞。

3.1 英國工作

國民保險號碼 NI Number

如果要在英國工作，無論是自僱或僱員、本地人或外國人、全職或兼職，必須申請一個國民保險號碼才能在英國工作。每個人都會有一個永久、由字母和數字組成的號碼，是用來記錄國民保險供款和稅款，來確保是否符合資格申請領取國家養老金（State Pension）和其他福利。

如果是十九歲或以下的英國居民，通常在年滿十六歲生日前的三個月內，國民保險號碼會自動發出。而有部分生物識別居住證（BRP）的背面，已經預先印有國民保險號碼，大家可以先查看才作申請。

申請國民保險號碼

需要具有在英國工作的合法權利，才可以申請國民保險號碼。如果擁有生物識別居留許可（BRP），可能在 BRP 背面已經附有國民保險號碼。但如果沒有國民保險號碼的話，可透過官方網站申請國民保險號碼，申請時需要準備有效護照或生物識別居留許可（BRP）來證明申請人的身分。如果不能提供有效身分證明文件，仍然可以網上申請，但可能需要預約親身面試來證明身分。網上提交申請後，會收到一個申請參考號，而一般國民保險號碼的申請時間約八星期，如果有任何問題，可以致電到協助熱線查詢。

- 國家保險號碼申請協助熱線（英格蘭、蘇格蘭和威爾士）：0800 141 2079
- 服務時間：週一至週五，上午八點至下午五點

國民保險分了四個級別，供款的金額取決於就業狀況和收入，一般受僱人士屬於第一級，在二〇二二至二〇二三納稅年度的稅率，每週薪金達到£242至£967（月薪£1,048至£4,189）就會扣取13.25%作供款，而每週薪金超過£967（月薪£4,189以上）就會收取3.25%作為供款。如果是自僱人士屬於第二級或第四級，會根據利潤收入來計算供款。

薪金

在英國受僱工作，都是經 Pay As You Earn（PAYE）系統來計算薪金，每次發放薪金時，就會扣除所得稅和國民保險供款，如果同時也參與了公司的退休金（Workplace Pension）供款或曾經申請學生貸款，也會從薪金扣除，剩下的才是實收薪金；所以，在求職廣告看到的薪金，並不是實收的金額。

如果大家想預算扣除所得稅和國民保險供款後，實際收取的薪金有多少，可以到以下政府網站查詢。

稅碼
Tax Codes

每個人都有一個稅碼，用以計算該納稅年度中獲得多少免稅額，讓僱主或退休金計劃知道應從薪金扣除多少所得稅和退休金。

這個稅碼由數字和字母組成，當中的數字是該納稅年度中獲得的免稅額，而稅碼中的英文字母，代表你所屬的情況而對稅額會有不同的計算。

例如 1257L 是現時大部分人有一份工作或退休金的稅碼，當中的 L 代表你合乎基本個人免稅額的資格。在二〇二二年四月六日至二〇二三年四月五日的財政年度，基本個人免稅額是 £12,570。

最低工資

英國設有最低工資來保障僱員，以時薪為計算單位，不論是全職、兼職、臨時工或是仍在試用期，也有權利享有最低工資的保障，而金額在每年四月會作出調整。

從二〇二二年四月一日開始的最低工資如下：

年齡	時薪
23 歲以上	￡9.50
21 至 22 歲	￡9.18
18 至 20 歲	￡6.83
18 歲以下	￡4.81
學徒	￡4.81

公司退休金 Workplace Pensions

公司退休金是僱主安排的一種退休儲蓄方法，根據公司加入的不同退休金公司管理，類似香港的強制性公積金計劃。只要年滿二十二歲至法定退休年齡，在英國工作而年薪￡10,000或以上的僱員，僱主必須自動將僱員加入退休金計劃，最低供款額為入息的百分之八，僱主需要支付最少百分之三供款，而僱員則需扣除百分之五的供款，每間公司的福利都不同，可向公司查詢。

僱員是有權利選擇不參與並退出公司退休金計劃；當然，你的僱主也不需要支付任何供款。

糧單 Payslip

政府規定僱主一定要提供糧單，並需清楚顯示所扣除的每一項金額，例如所得稅、國民保險供款、公司退休金供款等，還會清楚列明實際應收薪金有多少。大家要留意，糧單上也會列明你的稅碼（Tax Code），如果發覺稅碼有任何錯誤，要儘快通知公司更改，避免在扣除稅款時金額有誤。

法定年假權益

只要每週工作五天或以上的僱員，每年可享有二十八天的有薪年假，這相當於五點六週的假期。僱主可以選擇將銀行假期列為僱員的法定年假的一部分，英國的銀行假期共有八日，如扣除銀行假期還可享有二十日的有薪年假。

即使是兼職僱員，同樣享有帶薪假期的權利，但會按比例來計算，例如每週工作三天，則每年必須至少休假十六點八天（3×5.6）。

法定年假並不能以薪金代替假期，只有在僱員離職時才能以薪金補償未享用的假期。而額外的假期，雙方可自行商討及安排。

病假

如果身體不適，不能上班，可以選擇用有薪年假來扣除，也可以直接請病假。如果生病超過七天，需要提供醫療證明。

如果連續至少四天因病無法工作，而每週薪金平均達到£123，僱主需要每週支付£99.35的法定病假薪金，最多可以支付二十八週。

法定產假

Statutory Maternity Pay and Leave

只要連續為僱主工作至少二十六週，就可以享有法定產假的權利，必須在預產期的十五週前，通知僱主有關懷孕情況，並提交懷孕及產假證明。

符合條件的僱員最多可以享有五十二週的產假，前二十六週被稱為一般產假（Ordinary Maternity Leave），之後的二十六週被稱為附加產假（Additional Maternity Leave）。

僱員可以在預產期之前的十一週，開始享用產假，如果嬰兒早產，則休假從出生後的第二天開始，但僱員必須在分娩後至少休假兩週（如果是工廠工人，則必須休假四週）。

符合條件的僱員可以享有長達三十九週的有薪假期，通常前六週是按税前平均每週收入（AWE）的百分之九十，剩餘的三十三週是以税前平均每週收入的百分之九十或£155.66，但會以較低者為準，同時薪金也需要扣除所得税和國民保險供款。

如何尋找工作

招聘網站

最常見的求職方法是在網上搜尋招聘網站，只要按職位及地區搜尋就可，大部分招聘廣告，也會清楚註明該職位的薪金及所需資格，當中也有很多獵頭公司的招聘廣告。有部分招聘網站還可設定公開履歷，讓僱主及人事部可直接甄選。

在招聘廣告中，有部分職位要求應徵者須具備一定的中文程度，而英國也有一些粵語及普通話人才網，主要招聘中英雙語人士，職位有中文教師、翻譯、零售業等，可以中文語言優勢找到適合的工作。

除了在招聘網站搜尋外，不妨多找幾家職業介紹所或獵頭公司，幫忙留意適合的職缺，有部分的職業介紹所更會約見面試。

每一個城鎮都會有地區的求職中心（Jobcentre Plus），類似香港的勞工處，可以登記註冊，尋找當地的就職機會。

求職中心（Jobcentre Plus）

每一個城鎮都會有地區的求職中心，類似香港的勞工處，可以到求職中心登記註冊，職員會依據你的資料和需求，提供當地的就業機會，地區求職中心大部分工作，都是圍繞所在地區，最適合想找居所附近工作的人。

自薦

如果找到覺得適合的公司，可以嘗試直接寄出求職信自薦。例如餐廳、零售店等，也可以嘗試親身到店舖，查看是否有空缺及遞交履歷。

我們的小店，也曾經收到多次自薦信件，有一些還提到不收分文，只求累積設計經驗；所以，有些英國人還是很主動進取的。

3.2 英國創業

大家來到英國，除了找尋工作之外，亦可選擇在英國創業；跟香港相比，如果不是在倫敦等大城市，在英國創業所需成本不高，機會和資源也較多，只要有專門技能，配合當地文化和市場需求，可以慢慢嘗試，開拓新事業。不過，創業總有風險，要有虧損的心理準備。

英國公司種類

一、獨資經營 Sole Trader

獨資經營是以自僱人士身分經營自己的業務，必須向稅務與海關總署（HMRC）註冊為自僱人士，並需要每年按收入提交自我評估納稅申報表（Self Assessment Tax Return）。

自僱人士無須註冊商戶名稱，但必須在正式文書、發票等註明姓名或商戶名，而商戶名稱不可有令人反感或誤會的字眼，包括有限、有限公司、有限責任合夥企業、LLP、公共有限公司或PLC，也不能與現有商標名稱相同。

自僱人士優勢在於投資成本較低，無須註冊手續費，但要注意獨資經營人承擔無限責任，即出現債務等問題時，需要個人承擔所有責任。

二、合夥經營 Partnership

合夥經營是由兩個或多個合夥人共同經營的業務，可以是由個人或有限公司合夥，每個合夥人都要為其持股比例繳稅。建立業務合作夥伴關係時，需要選擇一個名字、一個「指定合作夥伴」及需要在英國稅務與海關總署（HMRC）註冊。

指定合夥人需要負責管理合夥人的納稅申報表和備案。合夥協議文件概述了負債、所有權、業務利潤如何分配，同時會概述如果一個合夥人要離開時會如何處理。在合夥經營中，所有合夥人應對企業經營所欠的所有債務承擔全部責任。

三、有限公司 Limited Companies

有限公司最大的優勢在於公司擁有股東，股東對公司債權人的責任限於最初投資的資金，公司的虧損情況不會影響個人財產。有限公司必須向公司註冊處（Companies House）及稅務與海關總署（HMRC）註冊。擔保有限公司必須至少有一名董事和一名擔保人，一個人可以同時擔任兩個職位，也可以有多個董事和擔保人，並且每年也需要提交年度帳目和財務報告進行審核。

四、有限責任合夥公司
Limited Liability Partnership（LLP）

有限責任合夥公司的合夥人數量不受限制，可以是由個人或公司合夥，有限責任合夥公司需要以 LLP 的形式向公司註冊處（Companies House）進行註冊登記及至少有兩名「指定成員」，每個成員必須向 HMRC 註冊為自僱人士，並要按照自己在利潤中所佔的部分納稅。跟有限公司一樣，有限責任合夥公司可以保護其成員的資產，將其責任限制於其協議資金。

註冊登記公司

公司註冊處申請註冊公司有不同的方式，註冊費由£10至£100，需要提供公司名稱、註冊地址、至少一名董事和一名股東、公司股份的詳細資料及有關公司運營方式的規則（公司章程）等資料。

一般網上註冊有限公司費用只需£12，流程通常不超過二十四小時，就會獲得公司註冊證書，確認公司已經註冊，並會顯示公司註冊編號和成立日期。

在註冊公司時，需要為公司註冊一個 Government Gateway 用戶 ID 和密碼。可以找代理人或會計公司代為辦理，同時如果沒有商業地址作登記，也可找代理公司或會計公司的地址作登記，但每間代理人或會計公司收費及服務也不同，可嘗試多找幾間比較。

商業銀行帳戶

每家銀行對開立商業銀行帳戶的流程都略有不同，大部分也必需要有身分證明文件（例如護照、有照片的駕駛執照或居住證等）、董事的地址證明、公司營業地址、公司註冊編號、商業計劃書及預計一年營業額及個人財務狀況證明等相關文件。

我們選了一間附近有分行的銀行，在網上進行商業銀行帳戶開戶申請，銀行收到申請後，預約到指定分行遞交所需文件及進行面談。面談時需要提交及說明商業計劃書內容，包括公司的投資金額、預計營業額、每月支出、公司目標客戶群及營業項目等，每間銀行審批時間都不同，大約一星期至一個月就會收到開戶消息。

而英國銀行的商業銀行帳戶，一般都會收取月費及銀行服務收費；不過，第一次開立戶口通常都會有十二至十八個月豁免優惠，惟每家銀行收費不同，大家要細心選擇。

PAYE - Pay As You Earn

PAYE 是英國稅務與海關總署（HMRC）的系統，給僱主用於扣除僱員入息稅和國民保險供款。一般會計公司都可代僱主計算，當僱主收到員工薪金單後可安排發放薪金，同時也要

在限期前把僱員的入息稅和國民保險供款支付給HMRC。

增值稅 Value Added Tax-VAT

增值稅是購買商品或服務時必須支付的稅款，不論任何形式經營，如果每年營業額超過£85,000，則必須註冊成為增值稅業務。註冊後會獲發一個專屬的增值稅號碼（VAT Number），需要向顧客徵收商品或服務的增值稅，發票必須清楚顯示商戶增值稅號碼及增值稅金額。

同時之間，如果採購徵收了增值稅的商品，可以申請退還用於業務的商品和服務所支付的增值稅；如果購買的商品也用於個人或私人用途，則只能按比例退還增值稅。

從商業成本角度，也很受到商戶歡迎，只要註冊增值稅業務後，採購成本可扣除增值稅款，而商品或服務的增值稅只是向顧客徵收。

商戶可自行於網上申報或找會計師代為申報。另外，如果營業額未能達到£85,000，也可以自願註冊成為增值稅業務。

增值稅有三種稅率：

20% 的標準稅率（適用於絕大多數商品和服務）；

5% 的低稅率（一些商品和服務，例如兒童汽車安全座椅等）；

0% 的稅率（免稅商品和服務，例如新鮮食品、書本和童裝等）。

商業物業

英國的商業物業租金較低，可以到地產網站搜尋商業租盤。除了要留意物業的地區、人流、生意額，另外也要注意租賃年期、店舖用途類別、商業稅及其他雜費。

生意轉讓 Business for Sale

英國有很多店舖都會以生意轉讓形式來出租，轉讓費會包括設備、供應商資料及客源等，所以營業額越高，轉讓費也會越高。

購買全盤生意會比較容易接手經營，因為已有客源；如果能夠保持口碑及管理得宜，那就不用擔心收入。

找尋合適生意時，除了看財務報告，也要親自視察真實情況。轉讓費用並不包括租金，另外也要注意租賃年期、店舖用途類別、商業稅及其他雜費。有很多不同類型的生意也會轉讓，例如餐飲業、外賣店及便利店。

特許經營

特許經營可以利用良好口碑的商號和品牌，對分店生意有基本保障。英國也有很多不同的特許經營品牌選擇，甚麼類型都有，可按心目中想經營的生意去搜尋合適自己的品牌。

選擇特許經營要特別小心，因為每個品牌的加盟費、加盟年期及每月費用都不同。如果真的想購買特許經營，雖然價格較高，但選擇知名品牌會比寂寂無名的較有保障。

商業稅 Business Rates

大部分非住宅物業都收取商業稅，例如：商店、辦事處、酒館、倉庫、工廠、度假屋或旅館等，如果將物業或物業的一部分用於非住宅用途，也可能需要支付商業稅。在找尋商業物業時，必定會註明商業稅收費。部分符合資格的商戶可向地區政府申請減免商業稅，例如小型企業、慈善、農村等。

用途級別 Use Classes

每個商業物業都會有所屬的用途級別，如果想更改所屬的用途級別，必須跟地區政府的規劃部門提出申請，在獲得批准後才可以更改。

一般商店是A1級，餐館是A3級，所以屬A1級的商店就不可以開餐廳。用途級別分了A級、B級、C級和D級，當中每個級別還會細分，例如A1為商店、A2為金融和專業服務、A3為餐館和咖啡廳、A4為飲酒場所和A5為熱食外賣店。

但在二〇二〇年九月一日起，將針對二〇二〇年城鄉規劃用途類別修訂條例（The Town and Country Planning Use Classes Amendment）進行法規改動，取消了原有的A級、B級、C級和一部分D級的許可，並把大部分A級的用途合併到新的E級中，而有部分覆蓋範圍較廣的生意種類，則被轉移到單獨許可級別（Sui Generis）中。

新的用途級別許可規定於二〇二〇年九月一日起正式生效，直至到二〇二一年七月三十一日之前為法規過渡期，可以自由選擇要繼續沿用現有法規，或是直接更換成新的使用許可。

商業保險

商業保險中有許多不同類型的保險，除了一般建築保險及資產保險之外，如果公司有僱用員工，必須購買僱主責任保險。這包括工作人員因工作受傷、疾病或損壞而提出的賠償要求，保險公司會發出一張證明，僱主必須把責任保險證書貼在僱員看到的地方。而同時也要考慮到僱員與公眾的接觸，公共責任保險也非常重要，可以保障客戶、供應商或其他第三方造成的人身傷害或損害的索賠要求，可按公司所需來選擇加購甚麼保險。

小本創業

英國的網絡購物十分興盛，可嘗試把商品在網上平台發售。每個平台收費不同，有部分是待商品發售後才收取刊登費，很適合自創品牌小手作及低成本創業。

另外，每個地區都會有固定或在特別日子舉辦市集或嘉年華，可以租賃一個攤位或一張桌子來發售商品。不同市集收費都不同，通常租賃桌子費用為￡10至￡20起，而攤位費用按大小計算大約￡30-50起。

流動交易

流動交易系統對小型企業非常有吸引力，無論是在店鋪內或參與不同地方舉行的市集或嘉年華，都可以隨時隨地處理客戶銀行卡的付款。而且設置成本非常低，只要購買一個讀卡器，就可透過電話或內置 SIM 卡連接網絡，與發卡銀行聯繫以進行授權，並使用 GPRS 技術處理付款。

而且大部分系統也無須簽署合約，不用支付固定月費，亦不設有最低交易量，只是按交易金額來收取 1.69% 至 2.75% 手續費；除了流動交易，有部分還可以設置網上收費，不同公司的手續費及功能都不同。現時英國最受歡迎的三個流動交易系統是 Square、Sum up 及 iZettle，大家可以上網比較。

我們的小舖，雖然工程不多，但完成裝修也花了很長時間。

3.3 英國稅務

英國是全球徵稅的國家，即在全球包括海外的收入也需要申報及繳交稅款，除了之前提及的所得稅、增值稅等，還有很多不同類型的稅項，謹記自行申報。

資產增值稅 Capital Gains Tax

資產增值稅是當出售或處置增值的資產而獲利所徵收的稅款，稅款只是計算所獲得的收益，並不是所獲的金額。除了汽車外，大多數的個人財產（包括股票、證券、基金、非自住物業或房地產、名畫、古董、首飾等），如以超過價值£6,000出售或處置而獲利，則需要繳納資產增值稅。例如以£5,000購買了一幅名畫，後來以£25,000賣出，即獲得了£20,000的收益，這£20,000的收益便需要徵收資產增值稅。處置的資產包括：售賣或作為禮物贈送或轉讓給他人、因遺失或毀壞的保險賠償等。

資產增值稅

如果一年中所有收益都在免稅額之內（二〇二二至二〇二三年度的資產增值稅免稅額為£12,300），或是轉送該資產給丈夫、妻子、民事伴侶關係或慈善機構的禮物，就不必支付資產增值稅。

股息稅 Tax on dividends

股息收入連同個人總收入，只要不超過個人所得免稅額，便不需要繳交股息稅。

另外，股息也會有免稅額（Dividend Allowance），二〇二二至二〇二三稅務年度的股息免稅額為£2,000，會根據超出股息免稅額的收入金額來計算稅率。基本稅率級別（Basic rate）是8.75%，高稅率級別（Higher rate）是33.75%，額外稅率級別（Additional rate）是39.35%。

例如，在二〇二二至二〇二三稅務年度獲得£3,000的股息，而納稅年度獲得£29,570的薪金，即是總收入為£32,570，那從總收入中扣除個人所得稅的免稅額£12,570，最後應納所得稅額為£20,000。如果是按基本稅率計算，需要支付薪金£17,000的百分之二十，由於有股息免稅額，£2,000的股息不會徵稅，但對餘下的£1,000股息就需要徵收8.75%的稅款。

儲蓄利息稅
Tax on savings interest

如果把錢存放在銀行並獲得儲蓄利息，也需按個人所得稅分級計算。如超出個人免稅額的那部分就會按你所得稅等級來計算個人儲蓄利息免稅額，基本稅率級別（Basic rate）的個人儲蓄利息免稅額為£1,000，高稅率級別（Higher rate）的個人儲蓄利息免稅額為£500，額外稅率級別（Additional rate）是沒有任何津貼的。

如果總收入少於£17,570，儲蓄起始金額最高為£5,000，超出個人免稅額的其他收入中每增加£1，儲蓄的起始額就會減少£1。

例如二〇二二至二〇二三年度獲得£16,000的薪金，另外，從儲蓄中獲得£200的利息，扣除個人免稅額£12,570，應稅收入餘額是£3,430（£16,000減去£12,570），這會令到起始利息額減少£3,430，即是起始額會變為£1,570（£5,000減去£3,430），由於從儲蓄中獲得的利息只有£200，那就無須繳交儲蓄利息稅。

個人儲蓄帳戶
Individual Savings Accounts-ISA

個人儲蓄帳戶有四種類型：現金ISA、股票及股份ISA、創新金融ISA和終生ISA，而ISA的現金利息投資收入或資產收益也是免稅的。

而每個納稅年度，也可以將錢存入到任何一種ISA中，並可以在帳戶中節省多達£20,000，或將免稅額分配給部分或其他類型。例如可以在一個納稅年度節省£15,000的現金ISA、£2,000的股票及股份ISA以及£3,000的創新金融ISA。又例如可以在一個納稅年度節省£11,000的現金ISA、£2,000英鎊的股票及股份ISA、£3,000的創新金融ISA、以及£4,000的終身ISA。納稅年度結束後，只要將錢保留在ISA帳戶中，就可以免交稅款。

海外入息稅

Tax on foreign income

英國對海外入息稅會按居留身分來計算，如果身分為非英國居民（Non-domiciled Resident），在納稅年度的海外收入為£2,000以上或把收入攜帶到英國及轉帳到英國的銀行也須要申報及繳稅。

非英國居民可選擇匯款基礎制（Remittance Basis）來計算海外入息稅。但如果選擇了匯款基礎制來計算，就會失去所得稅和資產增值稅的免稅額，並需要按在英國居住年期繳交年費：

過去九個納稅年度中居住英國七年或以上為£30,000；過去十四個稅務年度中居住英國十二年或以上為£60,000。

匯款基礎制的方式非常複雜，建議聯繫HMRC或找專業的稅務顧問協助。

遺產稅

Inheritance Tax

遺產稅是對死者遺留下來的遺產徵稅，包括房產、銀行存款及任何具有價值的東西，以及去世日期之前七年內轉贈的財產。如果資產價值少於£325,000，及把所有資產留給配偶或民事伴侶及慈善機構等，也不用支付遺產稅。

如果是將房產留給子女（包括收養、寄養或繼子女）或孫子女，而房產價值低於£2,000,000，遺產免稅額可增至£500,000。

所有稅額由遺產的受益人承擔，如果遺產價值不超過免稅門檻，雖然不須要繳納遺產稅，但仍須要向 HMRC 申報。

在去世前三至七年內轉贈的資產，將會按年份來遞減稅率。例如在去世三年內擁有價值£500,000 的資產，免稅門檻是£325,000，標準遺產稅率為 40%，那遺產稅的計算是£175,000（£500,000-£325,000）的 40%，即是需要繳納£70,000 的遺產稅。

3.4 國家退休金

只要達到法定的退休年齡，合資格人士就可以每星期領取政府發放的退休金，類似香港的生果金。從二〇一六年開始，國家退休金推出新的國家退休金新安排（The New State Pension）。如果是在二〇一六年四月六日前到達退休年齡，會根據二〇一六年舊有的國家退休金規定來領取退休金（The Basic State Pension）。

不過並不是每位退休人士也符合資格領取法定退休金，須要根據個人所繳付國民保險的紀錄來決定。而達到法定的退休年齡也可繼續工作，但就不再須要支付國民保險費。

法定的退休年齡

根據預計壽命的持續增長，政府的審查提出了新的時間表，法定的退休年齡將在二〇四四年至二〇四六年之間增加到六十八歲。一九七〇年四月五日或之前出生，提案不會有任何變化；一九七〇年四月六日至一九七八年四月五日之間出生的，法定的退休年齡目前為六十七歲。但會根據出生日期，將增加到六十七歲一個月至六十八歲之間；一九七八年四月六日之後出生，法定的退休年齡保持為六十八歲。大家可以在政府官方網站，輸入出生年月日來查詢正確的法定的退休年齡：

政府的法定退休年齡是經常調整的，現時如果符合以下條件，則可以申請國家退休金：

- 一九五一年四月六日或之後出生的男士
- 一九五三年四月六日或之後出生的女士
- 國民保險記錄有至少十個合資格年期，但不必連續十年
- 國民保險合資格年份為自僱人士並有支付國民保險供款
- 受僱並每週薪金達到£242（如果在同一僱主受僱並週薪達到£123-£242仍然可以定為合資格年份）

退休金額

二〇二二至二〇二三年度退休金的全額為每週£185.15，會根據通脹等因素每數年作出調整。而領取金額會按國民保險供款來計算，有十至三十五個合資格年期供款會按比例計算退休金額，而達到三十五個合資格年期供款才可獲發全數的退休金額。

例如：由二〇一六年四月五日起，國民保險記錄中有二十個合資格年期。將會是£185.15除以三十五，然後乘以二十，即是每週可以領取£105.80的退休金。

政府法定退休金每年都會作出調整，根據以下增長來計算，並以最高的數字作為增長標準：

1. 收入：全國平均薪金的百分比增長
2. 英國消費物價指數的平均增幅
3. 2.5%

通常在達到法定退休年齡前兩個月，政府會寄出信件提醒自行登記國家退休金，可以在網上、電話或下載登記表格並寄到當地的退休金中心。

3.5 銀行假期和特別節日

銀行假期

英國銀行假期，從字面解釋為銀行停止營業的日子，簡單來說亦即香港的公眾假期；因為，大部分非零售業的公司都會休假。英國的銀行假期，每年有八天，可參看下表。

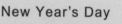

由於個別假期的日子每年不同，大家可以到以下政府網站，查看確實日期。

New Year's Day
Good Friday
Easter Monday
Early May bank holiday
Spring bank holiday
Summer bank holiday
Christmas Day
Boxing Day

特別節日

母親節

英國的母親節是在：4th Sunday in Lent，四旬齋的第四個星期日（即是復活節前三星期），日期跟香港不同。

香港的母親節是固定在五月的第二個星期日，而在英國的母親節則在每年三月份，但每年的日子都會不同。通常在二月中開始，商店和超級市場都會準備很多為母親節而設的禮物，提醒大家母親節快到了。

而有部分的小學也會特別安排一個母親節聚餐，會安排母親及祖母到學校一起進食午餐慶祝。另外，大家都會在母親節正日安排出外慶祝，很多餐廳或酒樓在一星期前已全部訂滿。

父親節

英國的父親節跟香港一樣，都是固定在六月的第三個星期日。通常在六月初開始，商店和超級市場都會準備很多為父親節而設的禮物，提醒大家別忘了父親節快到了。

萬聖節

每年十月三十一日為萬聖節，通常九月初開始，超級市場或家品店都會出售不同特色的萬聖節裝飾、服飾和糖果等。

十月最後一星期，很多人都在家門口或窗台上營造萬聖節氣氛，佈置不同的恐怖道具，同時也會雕刻南瓜燈。

到正日傍晚時份，很多孩子都會裝扮成不同恐怖造型，並到每家每戶拍門 Trick or Treat，即是如果不給糖果就會丟雞蛋在門前。大家也不用擔心，其實這種情況很少發生，因為大多數當

如果在萬聖節當天，見到屋前有擺放南瓜燈或萬聖節裝飾品，即代表屋主歡迎 trick or treat。但去年我們沒有任何裝飾，也有人拍門，因為聽不到所以沒有開門，最後被放了一塊 RIP 的墳墓牌，幸好並沒有丟雞蛋。

地居民已認知，只會見到門外有南瓜或萬聖節擺設的才會拍門討糖；不過如果擔心被騷擾，可以在警察網站下載 No Trick or Treat Poster，並貼在門外。

煙花節

每年十一月五日，是英國的煙花節（Guy Fawkes Night，亦稱 Bonfire Night），在香港久違了的放煙花，在這天可以在英國放過夠。通常十月中開始超級市場都會擺放煙花專櫃，年滿十八歲以上才可購買，款式有仙女棒、鑽地龍、龍吐珠、穿雲箭及大型的煙花也有發售，每款都會有詳細介紹及註明安全標準，大家必須遵守並注意安全。

其實由十一月一日開始，附近鄰居都會在晚上開始發放煙花，可以安在家中近距離欣賞。同時地區政府或機構都會舉行大型煙花匯演，非常熱鬧。

英國對燃放煙花有比較嚴格的法律規定，十八歲以下不能購買煙花，不得在公共場所或街道上設置或燃放。

任何人也不得在晚上十一點至早上七點燃放煙花擾民，除非幾個特定的節日可以燃放煙花至凌晨一時，如在其他日子及時間放煙花均屬違法。特定節日包括：十一月五日煙花節正日，十二月三十一日跨年夜、印度排燈節（Diwali）及中國新年。

私人用途的煙花只能在特定的日期向註冊商家購買，十月十五日至十一月十一日、十二月二十六至三十一日、農曆新年和排燈節前的三天。

聖誕節

聖誕節是英國最大型的節日，通常在十月中至十一月初開始，超級市場及家品店都會陸續推出很多不同類型的聖誕商品，當中有聖誕倒數月曆、糖果及朱古力禮盒、不同種類的聖誕禮物套裝、聖誕服飾、聖誕裝飾擺設、聖誕節限定食品等，由踏入商店門口開始，已經充滿濃厚的聖誕氣氛。

英國有一個聖誕倒數日曆的傳統，一般聖誕倒數日曆都是有二十四格，由十二月一日開始，每天打開一格，就像是一天一天去迎接聖誕節的來臨。基本上甚麼類型的產品都會推出聖誕倒數日曆，例如朱古力、化妝品、酒及玩具等，每天打開一格都會很期待及驚喜。

市中心會在十二月初舉行聖誕亮燈儀式，同時每家每戶都會用心粉飾屋內外，特別在屋外，會掛滿聖誕燈或擺放聖誕裝飾品，而門口也會掛上聖誕圈或大蝴蝶，通常在晚上五點就會亮起燈來；因此，每晚在家中打開窗簾，也可以欣賞到聖誕燈飾。如果天氣好的晚上，我們也會專程開車在鎮內遊走，欣賞每戶的聖誕燈飾。

而十二月開始，每星期都會舉辦聖誕市集，有很多不同的攤位，例如購物區、美食區及遊戲區等，很適合一家人吃喝玩樂，是聖誕節其中一個特別節目。

英國人的送禮文化，大家都會寄聖誕卡，附上最誠摯的祝福；每年都會和鄰居互送聖誕卡之外，小孩也會跟同學互送聖誕卡祝賀，市面上也有很多專門給學生的聖誕卡套裝，內有一張送給老師、一張給助教及三十張小型聖誕卡，學校也會有一個專用收集聖誕卡的信箱，並每天分批派發給學生。

同時大部分學校也會設立一天為聖誕服裝日（Christmas Jumper Day），學生們在當日可以穿著聖誕服裝回校，而亦有學校會把當日的午餐設成為聖誕大餐，會特別安排聖誕節餐單供選擇。

大部分當地人在聖誕節一定會回到長輩家中慶祝，並會在家中安排一起共進聖誕大餐。而在聖誕大餐的餐桌也會準備聖誕拉炮，在進食前拉開拉炮，裏面通常有一個紙皇冠及一些小玩意等。

聖誕節當日，大部分商店、超級市場及餐廳都必定會休假。另外，聖誕節前都會有很多聖誕限定食品，以供大家可安坐家裏慶祝，而部分超級市場更設有聖誕餐單以供預訂。所以，在英國過聖誕節真的很開心及興奮。

除了以上的特別節日，在英國還有National Fish and Chip Day、Shrove Tuesday（亦稱Pancake Day）、情人節、Edinburgh Festival Fringe、Notting Hill Carnival等。

聖誕前，到家品店看不同的聖誕裝飾品，是其中一個不可錯過的節目。

超級市場及家品店在聖誕節前，都會有很多不同類型的聖誕朱古力禮盒。

每當聖誕節前踏進超級市場，就會被這些禮品吸引，不自覺地走近細看。

聖誕節必備聖誕拉炮，每間超級市場或家品店都有很多不同類型選擇。

除了聖誕裝飾品，還有聖誕花。

我們也會在屋內佈置聖誕燈飾，雖然及不上鄰居，但是總算為家居添上一點聖誕氣氛。

後記

移民後的得與失

我在寫這段「移民後的得與失」時，回憶起這五年在英國生活，當中的苦與樂一一浮現眼前，心裏不禁有點激動，特別在想到一些憾事的時候，眼眶不經意就紅了起來。

記得剛到埗英國時正值冬天。開初的一個多月，面對新生活充滿好奇，對四周有一種探險的新鮮感。那時不管天氣再寒冷，還是會走到不同的公園、海邊、街道、家品店、商店及市集等，邊走邊看，走到不同的超級市場，每一行的產品都會細看一下，轉眼間便逛了兩至三個小時。由於價格也很實惠，真的買得開心，食得放心。

另外，英國的新居也大很多，活動空間及置物位置都多了，我們嘗試設計不同的室內擺設，全屋大部分的傢俬都是由我們拿起電鑽安裝。雖然辛勞，但也很有成功感，非常享受當中過程。

不過，蜜月期的開心時間過得特別快，在一切安頓下來後，接著就要開始真正面對新的生活、工作、文化上的差異等問題。

在英國過新生活的時候，難免在心裏都會跟從前作比較，蜜月期後的一年多，我們經常掛在口邊的是：「如果還在香港就……」但在同一時間，思鄉的情緒又開始湧現，想念家人、朋友、地方、美食、娛樂等，我們也明白到兩地生活文化不同，有得必有失，如果硬要處處比較，心理上真的很難作出調整，還好子女完全適應英國生活，令我們減少了一種壓力。

在這段期間，由於跟丈夫的相處時間多了，私人時間減少，大家對每件事情都有各自的見解，加上情緒不穩，爭執也變多了。我也很明白他的處境，從前在舒適圈工作生活安穩，現在收入卻大不如前，養家的重任只落在他一人身上，難免心理上也有一定的影響。

另一方面，由於時差的關係，未必可以經常跟家人聯絡，亦試過因為網絡問題，跟家人幾天聯絡不上，實在非常擔心。幸好香港有親朋好友幫忙，代為尋找，並致電報平安。雖然放下心頭大石，但那幾天真的感到很無助。

而每當得知家人患病，但不能陪伴在身邊、不能陪伴去求醫、不能去探望，就會感到自己好像捨家人而去，沒辦法照顧及陪伴在側。那時候的無力感，令人情緒很低落。丈夫自小由外婆湊大，感情深厚，還記得來到英國一年多，在短短三個月之間，跟丈夫很要好的外婆和一位舅父因病去世，還幸他趕及回香港，伴在外婆身邊，但我則連最後一面也沒法趕上見到。後來也因小孩未能請假回港出席喪禮，內心充滿著內疚感。當年我們需要在第三年續簽才可繼續在英國居住，原本計劃在取得續簽後，安排父母來英國探望我們，看看我們定居的環境，了解我們新的生活，沒想到疫情的關係，一切也落空。去年我的爸爸也因病去世，因為禁飛令及廿一日隔離政策，連回港的機會也沒有，那段日子真的非常難過，會不斷責怪自己，直到現在也是人生中的遺憾。

人生的上半場，在香港經歷過繁華，享受多姿多采的生活，現在則享受寧靜而平淡的生活。五年下來，生活和心態也改變了很多，每天生活雖然平淡，但平淡中充滿歡樂。我們的生活節奏也變得較慢，凡事也從容面對，爭執也大大減少，練成了「佛系」性格，所以，一切也需要時間去磨合，很快就會適應下來。

在人際關係上，幸運地我們遇上了好鄰居，適時給我們提點及協助，還有一些好顧客，他們會專程到來寒暄或者只是問候一句，令我們感受到久違了的人情味。在工作方面，我們也沒有躲懶，還在不斷自我增值學習新事物，仍在不斷努力嘗試找出新路。

現在看到子女每天開心上學，可以有一個快樂的童年，那就是我們移民的初心。不論他們長大後的路如何，直到這一刻，如果一切可以重來，為了子女，我們還是會選擇移民到英國。

藉著這次機會，很想多謝香港的親朋好友們，寄給我們的書本、零食、手信等，好讓我們一解思鄉之情，亦多謝在英國的親戚一家，對我們的照顧。

最後，從前生活在香港，一直躲在舒適圈裏，很艱難才踏出了移民這一步開展新生活。但到了英國生活後，心態上有點轉變，反而覺得世界那麼大，如果可以再到其他國家生活，也是一個相當不錯的人生經歷。

初到英國，對四周有一種探險的新鮮感，不管天氣再凍，都會出外邊走邊看。

看到子女每天開心上學，可以有一個快樂的童年，那就是我們移民的初心。

我們不時會收到驚喜包裹，小寶貝拆箱時最開心。

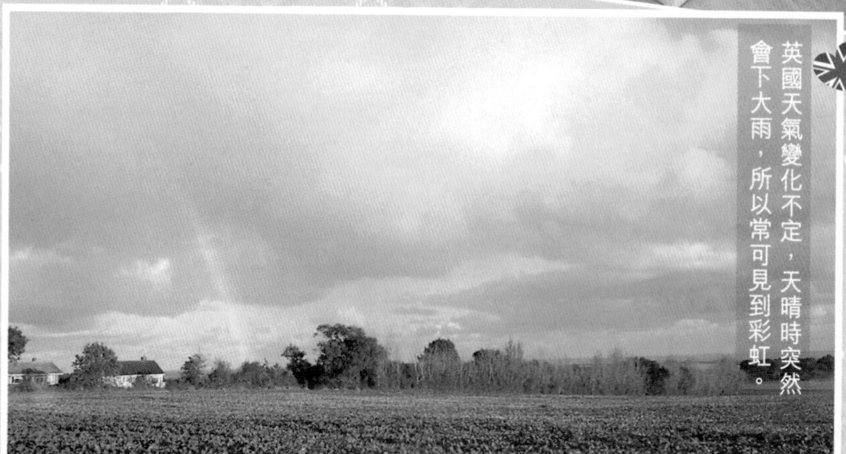

英國天氣變化不定，天晴時突然會下大雨，所以常可見到彩虹。

enlighten & fish 亮光

書　　名：移居英國——在地生活實錄｜新修版
作　　者：Wing Ho
插　　畫：Joe Chan
協　　力：阿穎
裝幀設計：Fukuyama

出 版 社：亮光文化有限公司
Enlighten & Fish Ltd
主　　編：林慶儀
編　　輯：亮光文化編輯部
設　　計：亮光文化設計部
地　　址：新界火炭坳背灣街61-63號
盈力工業中心5樓10室
電　　話：(852) 3621 0077
傳　　真：(852) 3621 0277
電　　郵：info@enlightenfish.com.hk
網　　店：www.signer.com.hk
面　　書：www.facebook.com/enlightenfish

2022年8月新版

ISBN 978-988-8820-25-2
定　　價：港幣$168

法律顧問：鄭德燕律師